ちょっとしたことでうまくいく

発達障害の人が上手にお金と付き合うための本

村上由美 著

JN195951

SE SHOEISHA

はじめに ～自己紹介を兼ねて～

私は幼少期に自閉症（今ではＡＳＤ：自閉スペクトラム症障害）だろう、と指摘され、母や心理の専門家の支援を受けて育ちました。成人後、言語聴覚士の資格を取り、言語やコミュニケーションに関する障害を抱えた当事者やご家族を支援する仕事をしてきました。夫も成人後に自分の特性を知った発達障害当事者です。

発達障害に関する情報発信をする活動もしており、そのご縁で２０１８年に『ちょっとしたことでうまくいく　発達障害の人が上手に暮らすための本』（翔泳社）を出版しました。

ある日「お金についての本を書いてみませんか」と前作を担当した編集者からご連絡をいただき、この本の企画がスタートしました。私の親族にも金銭トラブルを起こした人が何人かおり、その経験からもぜひ書いてみたいと思いました。

これまでも小児や知的障害者向けの金銭教育に関する本が何冊か出ています。どの本も基本的な話が丁寧に説明されていますし、実践的な事柄も豊富でとても参考になる内容ばかりです。

しかし、成人発達障害当事者として暮らしてきた経験を加味すると、もう少しお金を取り巻く制度や仕組みについても触れる必要があると感じました。たとえば雇用契約や税金、そして社会保険などの制度や法律、クレジットカードやローンの仕組み、緊急時の備え（貯金や保険など）、iDeCoやＮＩＳＡなどの金融制度や投資の話といった、自分を守るために知っておくべき話は多いものです。

私も本やネットで調べ、時には詳しい人に相談してからようやく状況を理解することも多く、「もっと前に知っていれば……」と大人になってから悔やむことがありました。

この本を読む人の中には、発達障害の当事者はもちろんですが、「もしかしたら自分は発達障害かも？」という人や、「家族が発達障害かもしれない」という人もいるでしょう。そんな方に対して、「これだけは知っておくといい」「困ったらまずここを確認しよう」といったことを手助けできるガイドとして、この本を書きました。

発達障害の方はもちろんですが、お金の悩みを抱えている発達障害以外の人たちにとっても一助になれば幸いです。

第3章 使うときの「困った」を解決したい
―お金の現実的な配分を決定する

第4章 貯めるときの「困った」を解決したい
―未来に向けてお金を貯める

第5章 備えるときの「困った」を解決したい
―ピンチを乗り切る術を学ぶ

第6章 増やすときの「困った」を解決したい
──資本主義のメリットを活用する

Point 1
発達障害の方がお金との付き合いで直面するさまざまな悩みの事例を紹介しています。

家計簿が続かない

対策

- 家計簿アプリを利用する
- エクセルで家計簿を作成・集計する
- 貯金簿で状況を把握する

事例
つけたほうがいいとは思うのだが……

久しぶりに会った友人と食事をしていたら、友人が「少し前から家計簿をつけるようにしたら、余計な買い物をしていたことがわかり、その分の費用を節約できるようになったよ。今では家計簿をつけるのも楽しくなってきたの」と言われた。

確かに続けられるといいと思うし、実は何度か試しに書店で家計簿を買ったり家計簿アプリをインストールしたりしたこともあったが、結局続けられずに挫折している。

友人は「アプリだとスマホからパパッと入力できていいよ」と言うが、それでもうっかり忘れてしまうことが多く、結局何にいくら使ったかわからなくなり、そのままになってしまっていた。

現状把握に家計簿がいいとは頭ではわかるが、とにかく続けられない。虫がいいかもしれないが家計簿をつけなくても家計を把握するいい方法はないだろうか。

原因
自分に合う家計管理法がわからない

家計簿をつける理由は、状況把握には詳細な記録があるのが理想だからだ。調査結果などでもデータの集め方で正確性への疑問を指摘されるケースがあるが、収支についても一定期間の詳細な記録があれば正確な状況がわかり、今後の対策を立てやすくなる。

しかし、レシートを保管したり、ずっと記録をつけ続けたりす

072

Point 2
どのような原因で事例の特性が出るかを、医学的にアプローチしています。

本書の特長

Point 3
医療的なアプローチではなく、当事者がお金と付き合うために編み出したやり方を解説しています。

るのは面倒と思うのが正直なところだろう。家計簿アプリが登場したことで、紙でつけるよりもだいぶハードルが下がったが、**効果が出てくるまでには数カ月間かかり、その期間を我慢して続けられない**ことが発達障害の人の場合には多いだろう（特にADHD傾向が強い人や計算LDの傾向が強い人）。

どうしても家計簿アプリでの記録が難しい人は、69ページでも紹介したように、普段はできるだけ支出を視覚化して減っている状況を把握しやすくしておき、毎月末日にいくら残っているかを記録する、といったより続けやすい方法を試すことも考えてみよう。

解決法　家計簿アプリを利用する

スマホの家計簿アプリはかなり便利だ。銀行やクレジットカードと連携すれば履歴が自動的に記入

お勧めの家計簿アプリ

アプリ	特　徴
Zaim	• 650万人以上が節約・貯金に役立てている日本最大級の無料オンライン家計簿 • 費目をカスタマイズしやすい • スマホカメラのレシート入力が優秀 • Evernoteと連携してバックアップが取れる
Moneytree	• 銀行、クレジットカード、電子マネー、ポイント、証券を一元管理できる • 画面がシンプルで見やすい • 基本機能は無料で使える
マネーフォワード	• 銀行やカードで使ったお金は食費や光熱費など自動で分類 • 連携している銀行が最多で、複数の口座残高や利用明細を一括管理できる • 有料版には残高不足を通知してくれるお知らせ機能がある • 似た状況の人の実績を参考にしやすい

Point 4
発達障害の当事者である著者が自ら生み出した「手前」のつまずきをなくしていくためのヒントが満載です。

発達障害の種類

本書では、ADHD／ADD（注意欠陥・多動性障害）、ASD（自閉スペクトラム症）、LD（学習障害）という代表的な発達障害に絞って対策を紹介しています。

発達障害にそれほど詳しくなくても、「ADHD」とか「アスペルガー症候群」といった言葉は聞いたことがあるかもしれません。最近、雑誌やテレビでも取り上げられることの多くなった言葉です。

発達障害にもいろいろな種類がありますが、「ADHD」や「アスペルガー症候群」というのは、その発達障害の種類のひとつです。

ADHDとASD、ASDとLDなど、複数の発達障害の特徴が当てはまることもあります。この場合、医師から複数の発達障害の診断が下りる場合もあります。

発達障害の診断は難しく、専門医がさまざまな検査を行って慎重に判断するものです。発達障害の傾向があるからといって障害があると決められるものではなく、自己判断はもちろん、専門家以外の人間が見ても判断できるものではありません。

発達障害自体、まだまだ研究が進められている段階で、ADHDやASDといった名称もこれから変化があるかもしれません。映画などで描かれることで知られることになった「アスペルガー症候群」についても、現在の診断ではASDの中に吸収されています。

それぞれの障害について、次ページで簡単に特徴を並べてみます。なお、これらの特徴は一般的なもので、実際には人それぞれで違いがあることを先にお断りしておきます。仮に全部の特徴に当てはまったとしてもその障害であるとは限りませんし、診断が出ている人でも当てはまらない特徴もあります。

ADHD/ADD
（注意欠陥・多動性障害）

特徴

注意の集中、分散およびコントロールの困難さによって気が散りやすい、あるいは注意を適切に切り替えられないのが特徴です。そのため、気が進まないことになかなか取り組めずに先延ばしする傾向があります。また、一度に注意できる範囲が少ないため、短期記憶や作業記憶（ワーキングメモリー）といった長期記憶から必要な情報を取り出す、もしくは一度に複数の作業をする際に順序などを一時的に思い出すタイプの記憶が苦手で、ケアレスミスを起こしやすいという特徴もあります。

金銭面での特性

- いいと思ったら即行動するため、衝動買いなど計画外の行動が多い
- 計画を立てることが苦手なので家計簿や積立貯金が続かない
- 税金や公共料金などの支払日を忘れてしまう
- 確定申告の手続きなど、面倒な作業を先延ばししてしまう
- 起業や投資といった話も面白いと思うとリスクを顧みずに始めてしまう

ASD
（自閉スペクトラム症）

特徴

①対人関係の障害、②コミュニケーションの障害、③限定した常同的な興味、行動および活動という3つの症状が遅くとも3歳までに認められます。そのため、言語発達に遅れが出る場合があります。
興味の幅が狭く、かつ深いため、好きなことに対してはとことんのめり込みますが、興味がない、あるいは本人にとって必要性を感じないことには無関心なことが多いです。
時間やルールといった1：1のパターン的な記憶が得意ですが、一方でルール変更が非常に困難なため、曖昧なものや尺度が苦手で、物事の結果に対しても白黒をハッキリつけようとしたがります。

金銭面での特性

- 好きなものにこだわり、生活に困っても趣味などにお金を費やす
- 予算を厳格に守ろうとし、突然の出費による予算オーバーなどに慌ててしまう
- 家計簿などを完璧につけようとし、うまくいかないと突然放棄してしまう
- 「お金は汚い」「投資は絶対危険」といった極端な思考に陥りやすい
- セールスなどの勧誘をうまく断れない

LD
（学習障害）

特徴

年齢や知的発達などに比べて文字や数の読み書きや操作（文章を書く）が著しく苦手な状態です。読み書きが困難なディスレクシア（書字に限定される場合はディスグラフィア）と計算LDが代表的なものです。

ディスレクシアは、

- 文字や数字の形の区別が難しい、漢字の偏とつくりがバラバラに見える
- 音と文字を適切に結びつけて覚えられない
- 文字自体は読めるが、単語や文章になると意味を理解しづらい

といった特徴があります。

また、計算LDは、

- 数の多少や増減関係がわかりづらい
- 位取りのルールがわからない
- 割合が理解できない

といった症状が単独あるいは組み合わさって出てきます。

金銭面での特性

- 雇用契約書など複雑な表現の文章だと意味を読み取れず、自分に不利な内容でも気づかない（ディスレクシア）
- 役所への届出など細かい手続きが必要な書類作成が苦手（ディスレクシア）
- とっさに計算してお釣りのないように小銭を用意することが苦手（計算LD）
- 夕飯の材料費にいくらくらい必要かといった見積りが苦手（計算LD）
- 予算を立てる、家計簿をつけるといったお金の管理が苦手（計算LD）
- グラム当たりの価格差といった計算や比較が苦手（計算LD）

DCD
（発達性協調運動障害）

特徴

先に述べた3つの障害に合併しやすく、生活面で支障が出やすい発達障害です。

年齢や知的発達などに比べて協調運動（複数の動作をまとめて1つの運動をすることを指す。3歳以降の日常生活動作はほぼすべて協調運動）が著しく苦手な状態です。粗大運動だと自転車に乗る、階段を昇り降りする、微細運動だとボタンをかける、箸を操作するといった動作が挙げられます。

金銭面での特性

- ATMのボタンや小銭など、小さなものを操作しづらい
- レジの金額を見ながらお金を準備するといった複数の動作を同時にできない
- スマホアプリを立ち上げ、次にお金を用意するといった短時間にいくつもの手順が必要な動作をすることが苦手
- 払込票など、きれいに保管する必要がある書類の管理が苦手

※なお、DCDは本書では紹介していません

第1章

発達障害と金銭の関係

お金の特徴と役割を知る

発達障害の特徴のひとつとして「金銭管理が苦手」という項目がよく挙げられる。この章では、お金の特徴と人間社会に果たす役割を確認し、発達障害の特性とミスマッチになりがちな理由を考えていこう。

お金の特徴と発達障害の人との関係性

私たちの生活にはお金は必要不可欠なものだが、存在することが当たり前なので、いざ「お金ってどんなもの？」と問われると即答できない人が大半だろう。

中には「どんなもの？」と聞かれて材質を答える人もいるかもしれない。けれども、紙を出して「これは紙幣と同じ素材でできているので、紙幣と同じ価値があります」と主張する人がいたら、失笑され、相手にしてもらえない。

つまり、お金は「このようなものがお金です」「欲しいものと交換できます」「労働の対価として得ています」といった暗黙の了解が存在していることが前提なのだ。発達障害の人が金銭管理が苦手なのも、このような**暗黙の了解を捉えにくい**という特性が関係している（特にASD傾向が強い人に多い）。

暗黙の了解で決まっているのは値段や給料も同様だ。何となくこのくらいの値段という相場はあっても絶対ではない。季節や地域、時代などによっても変化するし、適切な割合も明確には決まっていない。したがって、**曖昧な条件を考慮しながら金額を割り振っていかないといけない**が、これも発達障害の人にとってはわかりづらい（ASDや計算LDの人に苦手な人が多い）。一般的なお金の本では触れられていないことだが、お金が機能するための前提条件である。

次に、私たちがどんな場面でお金を使っているかを考えてみよう。真っ先に挙げられるのは「買い物をするとき」だろう。ものを買うとき、そこでは必ずお金のやり取りをしている。

もしもお金がなかったら、必要なものは自分で作らなければならないし、場合によっては物々交換をする必要があるので、今よりも相当大変になるだろう。野菜を作るために農作業をし、肉や卵、乳製品を食べるために家畜を飼い、魚を捕るために海や川へ出掛けなければならない。そうした暮らしは不可能ではないが、大変なことは間違いない。そう考えると、お金があることでものを得るまでの手間やコミュニケーションをかなり省略できているといえる。

お金の特性として次に挙げられるのは、使わない分を取っておけ

お金が持つ3つの特徴

暗黙の了解が存在している

商品を交換する手助けとなる

使わない分を取っておける

ることだ。生鮮食品だとたくさんあっても腐らせてしまうし、他のものでも保管場所を必要とする。

加えて、お金なら欲しいものが高価でも少しずつ貯金して買うことができる。生活必需品ではなくても、「これが楽しみ！」というものや、「いつかは手に入れたい……」と憧れているものは誰にでもあるだろう。それを目標にお金を貯め、欲しいものを買えたときの喜びはひとしおだ。

また、老後や不慮の事態などに備えることもできる。困ったときに支えてくれるお金の存在はとてもありがたい。

しかし、この特徴をうまく活用できないと、**「衝動買いをする」「貯金ができない」**（ADHDの特性が強いとなりやすい）となり、いざというときに困ってしまう。

お金についての特徴がわかってきたところで、さらにお金を理解するための話へ進んでみよう。

生活とお金の関係

現代社会ではお金なしでは暮らせない。衣食住はもちろん、電気、ガス、水道などの公共料金、公共交通機関や車などの交通費、趣味や娯楽、交際費、医療費など、何かしようと思ったら必ずそれにかかる費用を考える必要がある。

実家で暮らしていたときは気づかなかったが、一人暮らしを始めて自分の財布から日用品を買ったり公共料金などを支払ったりするようになると身に染みるのが、「生きていくのにはお金がかかる」ということだ。

だからこそ、ちまたには「節約」「お得」「備え」といった言葉や情報があふれているのだろう。人々がお金について考えたり、さまざまな手続きをしたりする時間をあわせたら相当な長さになるに違いない。

私たちが働いているのも賃金を得ることが大きな理由だし、「お金のため」「会社に不利益が出たらまずい」と思って下げたくもない頭を下げたり、ネガティブな感情をグッとこらえた経験は誰しもがあることだろう。

そのため、つい「お金についてそんなにエネルギーを費やすなんてバカバカしい！」「お金なんかなくなればいいのに！」「お金よりも大事なものがあるだろう！」と**極端な考えになる**かもしれない（特にASD傾向が強い人に多い）が、前節でも述べたように、お金がなかったら私たちの生活はもっと大変な日々になる。

日々の暮らしでもお金で解決できることはいろいろある。たとえば、筆者は裁縫が苦手だから、お店で手頃な価格で服が買えるのはとてもありがたい。昔のように女性は家族全員分の服を縫えるくらいでないとダメ、という環境だったら、とても今のように暮らすのはできなかっただろう。

お金があることで効率良く生活できるようになり、厳しい労働からも少しずつ解放されたのは、まさに自由への第一歩だった。それによって今まで働けなかった立場の人が外で働けるようになった、というのはお金が果たす大きな役割だったといえる。そしてお金によって私たちの生活は豊かにな

お金が持つメリットとデメリット

り、さまざまな生活スタイルで暮らせるようになってきた。

　一方で資本主義経済が広がったことによる弊害もたくさんある。貧富の格差は深刻で、国際問題にまで発展している。身の回りで考えても、収入が伸び悩み、その結果、長時間労働や精神的なストレスなどが労働者の健康面にも影響を及ぼしている。

　また、物事の良し悪しの基準がお金の価値で決められるようになってきていることも問題だろう。「割に合わないから」と生活に欠かせない仕事の担い手が減ってしまえば、社会全体の損失にもつながってしまう。

「では、どうしたらいいの？」と悩むかもしれないが、大切なのは**お金が果たしている役割を理解した上で、お金の限界やお金以外のさまざまな評価基準を知り、自分に合った判断能力を養うこと**だ。

発達障害の人が金銭管理で悩む理由

発達障害の人の特徴として「衝動買いが多い」「好きなものばかりを買って生活必需品を買うお金がない」「貯金ができない」「残高不足で引落しができなかった」といった金銭管理が苦手なことがよく挙げられる。

これは、発達障害の人の多くが**プランニング（未来を見通して計画すること）や遂行能力（計画したことを段取りよく実行する能力）が著しく苦手なこと**が理由として考えられる。

金銭管理の場合、プランニングとは過去の家計簿データを参照する、現実的な予算を決めるといった作業が該当し、遂行能力は決めた予算を目安に生活をしてみた結果を記録し、定期的に結果を見直すといった作業になる。要は「現状から未来を予測し、それをどう自分が望む形に変えていくか」を考える力だ。

発達障害の支援現場では周囲の人に「具体的な声かけを」「見通しが立つよう指示を出して」といったことを依頼するが、これは、

- 視覚化されていない情報を捉えづらい（ASD傾向の人に多い）
- 未来のメリットのために今の欲求への抑制が難しい（ADHD傾向の人に多い）

といった特性が関係している。

こうなると「金銭管理に難しい特性があるのなら上手なお金の使い方を習得するのは無理なのでは？」と悲観的な気持ちになった人がいるかもしれないが、**お金の性質を理解した上で自分に合ったルールの作り方を学び直せば今からでも全然遅くない**。

視覚化されていない情報が苦手なら未来を可視化する方法を考えればいいし、未来のメリットや優先順位を見通せずに我慢ができないのなら、それらを比較できるような仕組みを作ればいいのだ。

「そうはいっても簡単ではないだろう」と思う人もいるだろう。確かに激しく変化する社会情勢を正確に予想するのは不可能だし、予想が外れてしまうこともある。発達障害（特にASD傾向の人）当事者は、正確な予想以外は無意味と思いがちだが、ここで大切なのは1

ミリもずれていないような正確性よりも、**「だいたいこんな感じ」という流れをつかむこと**だ。正確性にこだわるとお金を使う絶好のタイミングを逃してしまうし、「無駄遣いしたら大変！」と節約しすぎて人付き合いや健康面など日常生活に支障が出ることもある。

キャッシュフローやライフプランの表を作るのは長い期間でのお金の流れを可視化して「こんな感じ」をつかむためにあるし、時折見直して資産状況を確認するためだ。手持ちの資産が予想以上に増えていればもっと活用するための方法を考えるし、反対に減っていれば支出を見直して仕切り直す。

だからこそ正確性にこだわる人は「あくまでも目安」という感覚、お金を使いすぎてしまう人は「キャッシュフローの形を上向きに変えれば後が楽になる！」という**自分なりの物差しを作ること**が解決策だろう。

発達障害の人のお金に関する悩み

衝動買いが多い

好きなものばかりを買って
生活必需品を買うお金がない

貯金ができない

残高不足で引落しができなかった

お金との付き合い方を考える

読者の方の中には、ここまで読んできて「いったいお金とはどう付き合うといいのだろう？」「お金って実は難しいものなのかも……」と思ったのかもしれない。中には「理屈はわかったからさっさと具体的なお金の管理の仕方について述べて欲しい」と思った人もいるだろう。

未来を想像したり見積りを立てたりするのが頭の中の世界だとしたら、それを現実の世界で実践するスキルを知りたい、と思うのは当然の流れだ。しかし、現実の世界で実践するスキルについて述べる前に、少しそのスキルの特徴を整理する必要がある。

『ちょっとしたことでうまくいく発達障害の人が上手に暮らすための本』でも触れたが、発達障害は生活障害ともいえ、就労においても仕事そのものに関するスキルは身につけられるが、仕事を続けるためのスキル、そして仕事を下支えする生活スキルが身につきづらい特性がある。

このことはお金についてもいえる。お金を使うこと（ハードスキル）自体は比較的できるが、お金を使うための環境設定スキル（ソフトスキル）やお金を用いて生活や仕事をしていくスキル（生活スキル）と構造的に考えてみると発達障害の人が悩む問題の背景が見えてくる。

お金とうまく付き合うには**全体像をイメージし、さらにこのお金が流通している人間社会の前提条件の仕組みを知った上で対策を練ることが必要だ。**いくら表面的なスキルを覚えたとしても、その土台がもろければスキルを使い続けるのは困難だろう。そして、16ページでも述べたが、この手のことは大半の人が「何となくでもわかっていること」を前提に行動しているため、「お金を使えているのに!?」となかなか理解してもらいにくい。

そのため、「お金に関するソフトスキルと生活スキルについて整理し、発達障害の人が失敗しがちな出来事の原因と解決策を知ろう！」というのかがまさにこの本の狙いだ。

日本では物事を続けられないことに対して「意志が弱いから」

お金のソフトスキルと生活スキル

ソフトスキル
△△銀行
口座を開設する
APP
スマホやPCのアプリを入れる
□□CARD
△△CARD
現金やカード類の管理をする
コンビニ
一人でスーパーやコンビニへ
行って買い物をする
チャージ
10,000
¥
電子マネーに
チャージする
契約書
各種契約をする
生活スキル
支出
予算を立てる
家計簿
家計簿をつける
仕事をする
趣味を楽しむ
¥
貯金をする
ライフプランを立てる
遺言書
遺言書などを作成する

「努力が足りないから」という話になりがちだが、実は逆で、続かないのは続けるための土台ができていないからだ。もちろん「お金を使う楽しさを知るためにまずお金を使ってみよう！」という発想は導入としては大切だが、生活の中で定着させる段階へ進むにはそれ相応の学びや経験が必要だ。

お金に関するソフトスキルと生活スキルを整理してみると、ソフトスキルは具体的で比較的短期間のものが中心だが、生活スキルは抽象的かつ長期間にわたるものが多い。人によっては「ソフトスキルに書いてあることが苦手かも」「生活スキルに関することって考えたことがないかも」と自分が苦手なことが見えてくるだろう（どちらかといえばＡＤＨＤや計算ＬＤの人はソフトスキルが、ＡＳＤの人は生活スキルに関する項目が苦手になりがちだ）。

さらによく考えてみると、これらのスキルは生活の中で単独で用いられることはなく、必ず一連の流れの中で使われる。たとえば「就職した↓会社が指定した銀行口座の開設手続きをしてオフィスと同じ沿線の物件を契約した」「趣味を始めた↓費用を確保するため、出費を見直そうと家計簿アプリをスマホに入れた」となり、ソフトスキルと生活スキルは互いに影響し合う。

そして、ソフトスキルや生活スキルが円滑に機能するためには、前述のように人間社会が成り立つための前提条件（ルール）の存在が不可欠だ。20ページで述べた未来への見通しの話と同様、この社会の前提条件も大半の人は「おおよそこんな感じ」で捉えている。これこそが発達障害の人たちを悩ませる「普通」や「常識」という曖昧な基準にあるものだ。

お金に対して「どこまで使ったらいいのか？」「これは適正なお金なのか？」とどこか不安や後ろめたさ、そして胡散臭さを感じる理由も、まさに今まで繰り返し述べてきた話とつながっている。

お金とうまく付き合うために一番大切なのは、「お金は人間社会とは切っても切れないものなので、曖昧なのは当たり前」「お金は数字で表現するからハッキリしていると思いがちだけど、実は状況によってかなり変わる」といった**お金への少し冷めた視線を持つこと**だ。「私には見えていないけど何かトリックがある！」くらいの気持ちで考えるほうがわかりやすいかもしれない。

マジシャンからいきなり手品を見せられたら魔法のように感じるかもしれないが、タネや仕掛けがわかると「何だ、そういうこと」「これなら自分でもできるかも！」「ちょっとやってみよう！」となるだろう。それと同じことがお金の使い方についても起こるようになるとよいだろう。

第2章

稼ぐときの「困った」を解決したい

労働とお金の関係を考える

お金を使うにはまず収入が必要だ。本章では働く上で利用できるさまざまな制度や法律はもちろん、就職後給与から引かれる税金や社会保険についても知っていこう。

お金を稼ぐ手段がわからない

対策

- ジョブ・カードに記入する
- 就労支援や職業訓練サービスを利用する
- 自分が得意なこと、好きなことを始めてみる

事例

今の仕事は向いていないとよく言われるが……

今の仕事が向いていないと自分でも何となくわかっていて、日曜日の夜は「ああ、明日からまた仕事か」と憂鬱《ゆううつ》な気分になる。

上司からは「ミスが多い」「手際が悪い」と指摘されるし、同僚からもそれとなく「もっと向いている仕事を探してみたら」と言われたことがある。

そうはいっても自分にはどんな仕事が向いているかわからないし、どんなところへ相談に行ったらいいかも情報がないから見当もつかない。

転職サイトなどをたまにのぞいてみても、今の職種以外のイメージがわかないため、すぐに見るのをやめてしまう。

たまにネットなどで「得意なことを活かして転職した」という話題を目にすると、「そういう人もいるんだな」とは思うが、そもそも何が得意なのかわからないし、会社勤めが自分に合っているのかもわからない。

原因

仕事や職場のミスマッチ

発達障害の人が仕事を辞める理由で多いのが**「仕事とのミスマッチ」**だ。たとえば、忘れっぽいというADHDならではの特性が強い人が細部に注意を払う必要がある仕事に就いたら大変なことは目に見えているし、こだわりが強いというASDならではの特性が強い人が協調性や自分の意に沿わぬルールに従うことを常に強いられる仕事に就いたら続かない場合が

多いだろう。合わない作業が続けば当然ミスや手際の悪さが目立ち、周囲から指摘を受けることも増える。その結果、だんだん自信をなくしてさらにミスが増える……という悪循環にも陥りやすい。

　上司や同僚たちはよかれと思って声をかけたのかもしれないが、日本社会は往々にして減点主義で他者を評価しがちなので、不得意なことを指摘されがちだ。そして、「だったらどうしたらいいのでしょうか？」と尋ねても「そんなことは自分で考えろ」と言われるだけで、次第に「他人に助けを求めても仕方ない」という気持ちになってしまう。

　自分に合う仕事を考えるには、**まず自分はどんなことが得意（あるいは好き）で、どんなことが苦手（あるいは嫌い）なのかを整理すること**が大切だ。一人ではうまくできない場合はサポートしてくれる機関もあるので、活用してみよう。

解決法　自分のことをまとめてみる

　厚生労働省では自分の興味・関心や能力を客観視し、キャリアプランを作成するツールとして**ジョブ・カード**という制度を導入している（https://jobcard.mhlw.go.jp/index.html）。このようなフォーマットを最初に作ることで自分の経歴や職歴の棚卸しになるし、転職や教育訓練給付制度などを利用する際にも活用できる。

　経歴や職歴をどうまとめたらいいのかわからない人（ASD傾向が強い人に多い）は、まずここから着手するといいだろう。LINEで情報を入手することも可能なので、概要を知りたい人は友だち申請してチェックしてみよう。

　作成にあたっては手書きでもいいし、書字が苦手な人（ディスレクシアの人に多い）はエクセルやウェブ、アプリを使えばスマホやタブレットでも作成が可能だ。

　一度に作れないときは保存して後日続きを作成することもできるから、作業量が多いと集中力が続かない人（ADHD傾向が強い人に多い）は「今日はここまで」と少しずつタスクリストに締切りを入れながら取り組むといいだろう。

　ただ、中には「キャリアも大事だけど、そもそも自分は何が得意（苦手）なのかもピンとこない」人もいるかもしれない（特にASD傾向が強い人に多い）。その場合は、**「できたこと／がんばったこと／難しかったこと／できなかったこと」を自己理解の表としてまとめてみよう**（29ページ参照）。紙に書き出してもいいし、ワードやエクセルなどを使って自作してもいい。

　最初のうちは「難しかったこと／できなかったこと」ばかりが埋まってしまい、「できたこと／がんばったこと」が空欄になるかもしれない。そのようなときは「朝起きられた」「ご飯を食べられた」といった些細なことでもいいので、とにかく書いてみよう。この作業は1週間から2週間おきに書いていくと、「難しかったこと／できなかったこと」に書いていた項目がだんだん「できたこと／がんばったこと」へスライドしていくことに気づくはずだ。

何度かやって「できたこと／がんばったこと」に書くことが増えてきたら他の言葉に言い換えてみよう。たとえば、「朝起きられた」「仕事へ行けた」なら「約束を守れる」、「ご飯を食べられた」「毎食後に歯みがきをした」なら「健康に気を配っている」となる。

一方、「できなかったこと」にずっと残っている項目があったら、それもどんなことかまとめてみよう。たとえば、「ゴミの日を忘れた」「忘れ物が多い」なら「ケアレスミスをしやすい」（ADHD傾向が強い人に多い）、「電話での応対がうまくできなかった」「曖昧な指示がわからなかった」なら「柔軟な対応が苦手」（ASD特性が強い人に多い）となるだろう。

このように書き出してみて自分の特徴がわかったら、『ちょっとしたことでうまくいく』シリーズの既刊本などを参考に具体的な対応をしてみたり、「もっと他の人の意見を聞いてみたい」となったら職業支援のサービスなどを利用してもいいだろう。

就労支援や職業訓練サービスを利用する

読者の方の中には「キャリアコンサルティングを受けたい」「就労支援をしてくれる場所を探したい」人や「ジョブ・カードを書いてみたけれど、ちゃんと書けているか自信がない」（ASD特性が強い人に多い）人もいるだろう。

そのような場合は**就労支援や職業訓練サービスを利用してみる**といいだろう。このようなサービスは都道府県やハローワークといった公共機関だけでなく、NPO法人や株式会社などの民間機関でも実施されており、『ちょっとしたことでうまくいく』シリーズの著者の一人でもある對馬陽一郎さんや安尾真美さんも就労支援をしているNPO法人でスタッフをされている。

ハローワークでは発達障害の専門援助部門を設置し、カウンセリングや就職に向けた準備プログラムを実施するとともに、事業主に対しても相談援助の業務事業を実施している。発達障害の診断を受けていない人も対象になるから検討してみよう。

ハローワーク以外にも「自分が住んでいる（あるいは勤務先）地域＋職業訓練（就労支援）」と入力す

自己理解の表（例）

できたこと	がんばったこと	難しかったこと	できなかったこと
・ご飯を食べた	・朝起きる ・仕事へ行く	・毎食後歯みがきをする ・忘れ物を減らす	ゴミの日を忘れて捨てられなかった ・電話での応対 ・曖昧な指示の確認

3週間後

できたこと	がんばったこと	難しかったこと	できなかったこと
・ご飯を食べられた ・朝起きられた	・仕事へ行く ・毎食後歯みがきをする	・前日までにゴミをまとめる ・タスクを確認する	・曖昧な指示の確認 ・電話での応対

これを
繰り返していくと……

次第に
①できたことが
見えてくる

②行動が
具体化する

③苦手なことや
支援が必要な
ことが可視化
される

まとめてみる

得意なところ

○健康に気を配る（食事、歯みがき）
○約束を守る努力をする（仕事へ行く）

苦手なところ

●柔軟な対応
●ケアレスミスをしやすい
↓
他人にも相談しやすい

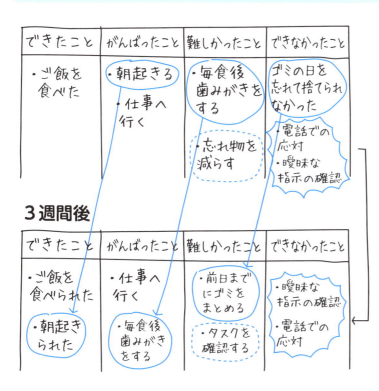

ると情報が出てくるし、もう少し自分の事情に特化した支援を利用したい場合は「若者」「女性」といったキーワードを追加してみよう。30代までの人で就労していない場合は**地域若者サポートステーション**なども利用できる。

相談にいくときは、先ほどまとめたジョブ・カードや表を持っていくと先方も情報を整理しやすいし、より具体的な話につながりやすい。うまく書けなかったら「ここが難しかった」と正直に伝えるとサポートも受けやすいだろう。

ただ、この手のサービスは相性がとても大切だ。継続的な相談以外にも単発のセミナーや相談会などを開催している事業所も多いので、まずそのようなイベントに申し込んで自分に合うか様子を見てから始めてみてもいいだろう。

就労支援事業では就職に向けたトレーニングの他にも、生活スキルやビジネスマナー講座、グループワークやソーシャルクラブといった余暇活動を取り入れているところもあるので、「コミュニケーションの練習をしたい」（ASD特性が強い人に多い）「ソフトスキルの悩みも相談したい」（ADHD特性が強い人に多い）という要望も伝えてみるといいだろう。

自分が得意なこと、好きなことを始めてみる

「今のところ転職する気はないけれど、自分が作ったものや文章などをホームページなどで公開したい」「趣味で作ったものを販売したり、ノウハウを他の人たちと共有したりしたい」人もいるだろう。そのような場合は少しずつ本業に支障のない範囲で始めるのもひとつの選択肢だ。筆者の夫（ASD＋ADHDの特性に加えてLDの傾向もある）は、かつては情報機器関連の会社で働いていたが、自分が作りたいソフトウェアを作れないことや会社のルールに合わせて行動することが次第にストレスになり、あるとき、「自分が作りたいソフトを作ろう」と思い立ち、空いている時間を使ってフリーの文章成型ソフトを作り、ネットで公開したところ、あちこちで紹介された。それがきっかけとなり、今は転職して組版関係のソフトウェアを開発する仕事をしている。まさに好きを仕事にしたケースだろう。

他にも本業の傍らハンドメイドの小物を作ってホームページやフリマアプリで販売する人、同人誌を作ってネットやイベントで販売する人、ツイッターで情報を発信し続けたことがきっかけで本を出した人が筆者の周囲にはいる。

いきなり会社を辞めて独立しても生活に必要な収入は得られないだろうから、主な収入源としては非現実的だろう。しかし、「働く＝会社で仕事する」以外の選択肢

主な就労支援・職業訓練サービス

すぐにでも就職したい・具体的な就職先を紹介して欲しい人

- ハローワークにおける職業相談・職業紹介
- 障害者トライアル雇用事業

じっくり相談にのって欲しい・少しずつ就職に向けた準備を進めていきたい人

- 若年コミュニケーション能力要支援者就職プログラム
- 発達障害者雇用トータルサポーター
- 地域障害者職業センターにおける職業リハビリテーション

職場定着のための支援をして欲しい・就職後も相談にのって欲しい人

- ジョブコーチ支援
- 障害者就業・生活支援センター

30代以下で就労していない人

- 地域若者サポートステーション

参考

- 厚生労働省HP「発達障害者の就労支援」
  https://www.mhlw.go.jp/stf/seisakunitsuite/bunya/koyou_roudou/koyou/shougaishakoyou/06d.html
- 地域若者サポートステーション
  https://saposute-net.mhlw.go.jp/

があるのは今後必ず強みになる。そして、会社では下がりがちな自己評価を「ダメな面ばかりではない」と回復させる意味でも重要だ。

特に極端に物事を捉えがちなASD特性が強い人の場合、行動を注意される→そんな行動をする自分はダメだ→もう全部ダメだ、となりやすいから、複数の視点で状況を捉える機会にもなる。会社での仕事も「仕事自体は好きだけれど、会社の文化やルールが自分に合っていないのかも」と上司や同僚からの指摘も今までとは違う見方ができるかもしれない。

得意なことや好きなことを通して他人とつながるのは、コミュニケーションの機会を増やすことにもつながる。会社以外でつながった縁で自分に合った会社へ転職する、今まで考えもしなかった仕事の声がかかる、という第三、第四の選択肢が浮かんでくることもあるだろう。

経費精算の締切りを守れない

対策

- 経費精算アプリを利用する
- スケジュールアプリやタスクリストのアプリと連動させる
- 領収書を保管する場所を決めておく

事例　経費精算を先延ばしした結果忘れてしまう

経理から「先月分の経費精算の締切りが過ぎていますが、今回はなしでいいですか？」というメールが届いていた。慌てて書類の山をひっくり返して領収書を探し出したが、よく見ると数カ月前の日付のものも出てきた。

経費精算のエクセルファイルに入力すればいいことはわかっているのだが、それが面倒でつい先送りしてしまうし、いざ入力しようとすると「あれ？　これって何費？」と混乱してしまう。友人は「会社の経費精算システムが変わってスマホアプリで入力できるようになったから楽になった」というが、それを待つしかないのだろうか。

原因　すぐに経費を記録→領収書を保管する流れができていない

22ページで触れたように、仕事をしていく中で必要なスキルは3種類ある。ひとつはハードスキル（学歴や職歴、資格といった職務遂行に必要なスキル）、もうひとつはソフトスキル（職場で働き続けるために必要なスキル）、そしてそれらを下支えするのが生活スキルだ。事例では**お金に関するソフトスキルが機能していないこと**が原因になっている。

できる人にとっては、「すぐに入力して、領収書も決まったところに保管するだけでは」と思うかもしれない。しかし、経費精算レポートを出すには、

- 領収書をもらう（もしくは経路を記録する）
- 領収書を経費の費目ごとに分類する（交通費、会議費など）
- パソコンを立ち上げる
- エクセルなどのソフトを開いて費目別に入力する
- 締切日までに担当者へ送る

というステップが必要だ。そして内容にミスがあったら、

- 経理担当から内容について確認がくる
- 修正して送り直す

という作業も追加される。できる人はこのステップを軽やかに通過できるが、苦手な人にとっては、このステップを1つずつクリアすることが大変なのだ（特にADHD特性が強い人に多い）。

したがって、このステップのハードルを下げてスムーズに作業を進めやすくする工夫が必要だ。最近はICカードに記録された経路と交通費を読み取ったり、経路を入れると料金を算出し、経費精算用にCSVデータを出力できるアプリもある。手入力よりもミスが減るし、すぐに入力すれば忘れない。よく入力する費目はだいたい決まっていることが多いから、あらかじめよく入力する費目だけアプリを利用するのもよい。

そして、領収書をもらうのをうっかり忘れやすい人（特にADHD特性が強い人に多い）は、取引先との打ち合わせなどで領収書を受け取ることを思い出すような対策も必要だろう。**「面倒」という気持ちに正直になってみること**がとにかく大切だ。

解決法　経費精算アプリを利用する

会社によっては既に導入しているところもあるかもしれないが、最近はスマホやパソコンから経費を入力して送信すると上司や経理担当者へ経費申請が簡単にできる**経費精算システム**が利用できる（筆者も以前経理を担当していた会社で利用していた）。申請データをそのまま会計ソフトに読み込める機能があるので、経理担当者の負担も軽減される。もしもこのような経費精算システムを利用できそうなら、上司や経理担当者へ掛け合っ

てみてもいいだろう。

そのような経費精算システムを会社が導入しておらず、エクセルファイルなどの申請フォームに記入するしかない場合でも個人で利用できるアプリがいくつかあるから検討してみよう。CSVデータやメールで出力できるものを選べば入力の手間がかなり省ける。入力ミスが多くなりがちなADHDやLD特性が強い人にはうってつけだ。

申請するのがほとんど近郊交通費の場合、手入力の手間を省くには、

- **モバイルSuicaやSMART ICOCAなどインターネットと連動しているICカードを利用する**
- **NFC対応機器**（スマホやタブレット）**を活用する**

といった方法がある。前者はインターネットサイトから利用履歴を見ることができるため、履歴をコピーしてエクセルに貼り付けることができる。

しかし、定期券などの関係でこれらを利用できない場合は後者を選ぶことになる。もしも手元にあってすぐに使えるなら利用価値が大きい。端末にICカードをかざすと履歴を読み取ってくれるから、CSV出力してくれるICカードリーダーなどのアプリからエクスポートしたデータをエクセルで開いてコピー&ペーストすれば経路入力の手間を大幅に削減できる。

NFC（近距離無線通信技術）対応機種を持っていない場合はPaSoRiというNFCカードリーダー（3000円前後で購入できる）を使えばパソコン（もしくはiPhone）とつなげてSFCard Viewer 2というアプリ経由でCSV出力することもできる。

「カードリーダーを買うほど頻繁には交通費を申請しない」人は乗換案内アプリから経路と料金を算出し、メールやカレンダーに出力すればいいし、「メールを検索するのが大変」（ディスレクシア特性が強い人に多い）というのなら、Suica reader、交通費ノートなどの乗換案内アプリと連動してCSVデータ出力ができるものを利用しよう。

車移動が主という人は、交通費・宿泊費記録アプリなどの駐車場代やガソリン代を記録できるものがお薦めだ。距離で割り出しているが、ついメーターの確認を忘れがちならグーグルマップやY！カーナビで経路を確認すると距離が出てくる。

会社外での打ち合わせに利用した費用の領収書を管理する必要もある人は、レシート読み取り機能が充実しているアプリを使えば、スマホのカメラでレシートを撮影すると金額を読み取ってくれる。

代表的な経費精算に利用できるアプリ

アプリ	特　徴
モバイルSuica	• トップメニューですぐに購入内容を確認できる • いつでもどこでもチャージできる
SMART ICOCA	• パソコンやスマホで利用履歴が確認できる • 現金なしで簡単にチャージができる
Suica Reader	• 交通系ICカードリーダーで読み込んだ乗車履歴を表示する • Edy、nanacoも読み込むことができる
交通費ノート	• 電車の乗降時にタップするだけで自動で今いる駅を取得し、記録する • Yahoo!路線情報を利用して運賃を簡単に調べることができる
交通費・宿泊費記録アプリ	• 交通費と宿泊費の年間の表とグラフを表示できる • CSVデータとしてファイルを出力することができる
STREAMED	• 領収書を撮るだけでオペレーターが代わりに手入力してくれる • 記録した経費は簡単にレポート作成ができる

繰り返し使うにつれて学習機能が向上し、過去の履歴を参考に費目の候補を挙げてくれるものもある。個人で使えるものはいくつかあるが、STREAMEDというアプリは件数が少なければ無料で使えるので、試しに使ってみるといいだろう。有料タイプは毎月300〜400円前後から使えるものがあり、MFクラウド経費精算などのアプリと連動しているものもある。インターネットと連動した電子マネーやクレジットカードを利用していると、サイトから利用履歴を取り入れることも可能だ。

とにかく入力時のミスが多い（ADHDや計算LD傾向が強い人に多い）、経路を思い出せない（ADHD傾向が強い人に多い）、経路を正確に入れたい（ASD傾向が強い人に多い）、明細や費目に悩む（ASD傾向が強い人に多い）場合にはこのようなアプリを活用して入力の手間を減らそう。

Googleマップとカレンダーを連携させる方法

1 目的地を入力する。

2 選択した経路をタップする。

3 「カレンダーに追加」をタップする。

4 「カレンダーに追加」をタップする。

アラームやタスクリストを活用する

経費精算の入力はできても領収書自体をもらい忘れたり紛失したりすることが多い（特にADHD特性が強い人に多い）場合は、当然他の対策が必要だ。このような場合は、

- 領収書をもらう必要性を認識していない（無意識に「面倒」といった気持ちが勝っている）
- 頭で理解していても、その場になると他のことに気を取られてもらい忘れてしまう
- 領収書をもらっても適当な場所に突っ込んで後で探し回ってしまう
- 時間感覚が弱いため、月が変わる→「経費精算レポートを出す」という事項が結びついていない

ということが考えられる。そのような場合は**スケジュールアプリとタスクリストのアプリを連携させ**、領収書をもらったり、経費精算レポートを提出したりした後にタスクを完了させる仕組みを作ろう。

どうしてもアプリだけだと自信がない場合は、同僚や上司に「自分でも気をつけているが、それでもついうっかりレポートを提出し忘れるので声をかけて欲しい」と正直に事情を話してもいい。同行者がいたらその人に領収書を頼んでもいいだろう。

実は筆者の夫もこの手の経費関係の管理がとても苦手で、家計簿アプリやICカードリーダーの読み取りアプリ、スケジュール共有アプリを入れてようやく最低限の内容を記入できるようになった。それでも帳簿づけや領収書の管理などは筆者が担当し、適宜「経費入れた？」「領収書は？」と声をかけている。

当然だが、フォローしてもらったらお礼を言う。相手が苦手な業務をフォローすることは他の業務に支障が出ない範囲でいいので意識しよう。

領収書の保管場所を徹底する

領収書をもらった場所を忘れてしまう場合、**「ここに必ずしまう」という場所を決め、とにかくそこへ保管する習慣を身につけよう。**適切な場所は財布か手帳だが、A5やA4サイズといった大きなサイズで財布や手帳にはさみづらいサイズが多いのなら、チケットホルダーなどを利用するといい（最近は100円ショップにも置いてある）。

筆者はレシートを受け取ったら持ち歩いているチケットホルダーに入れ、帰宅後、家計簿や帳簿に記載する際に分類している。会社で保管したいときは財布↓チケットホルダーもしくは会社で使っている手帳などのポケットに入れる行動を習慣づけることが紛失防止につながる。

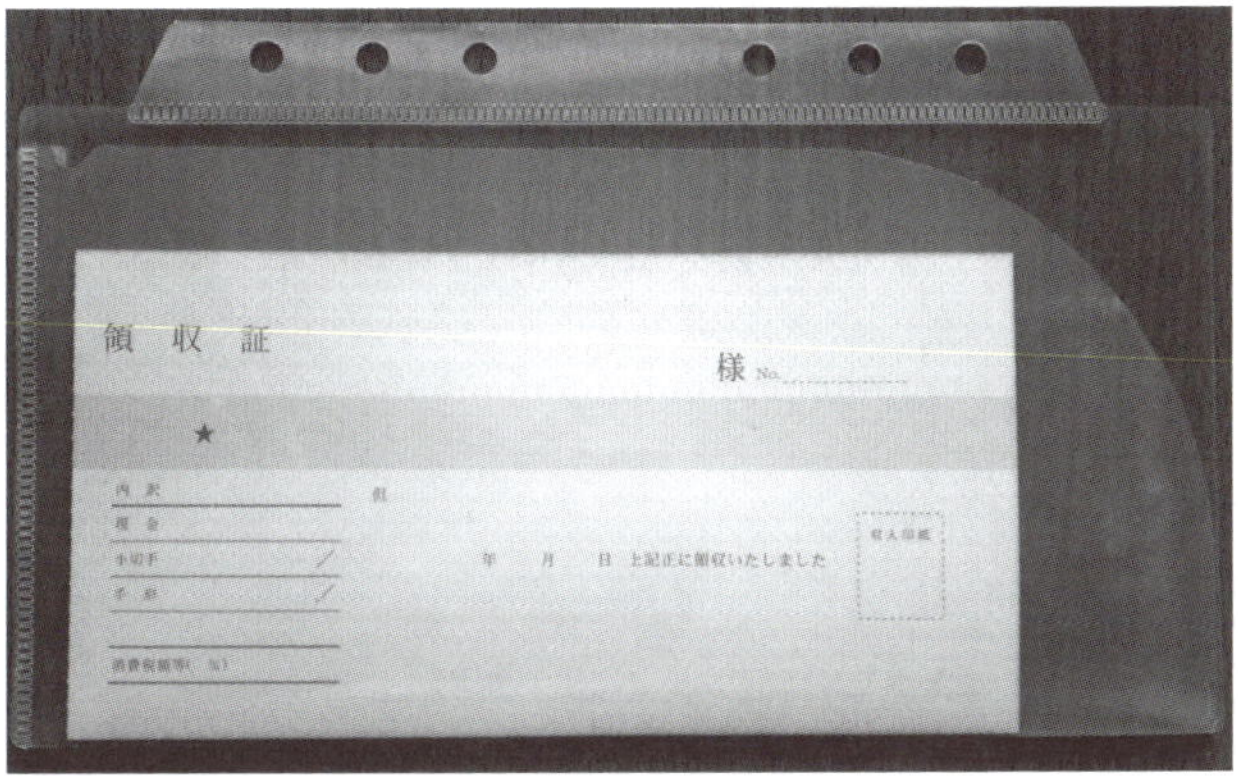

領収書の保管はチケットホルダーや手帳用ポケットが便利

親睦会の集金で計算ミスが多い

対策

- ネット振込みや送金アプリを利用する
- 事前に会費を集める
- お釣りのパターンを用意する
- 得意な人に代わってもらう

事例

「みんなやったから」と言われるが……

人付き合いが苦手なので、できれば職場の親睦会などの行事は参加したくない。ところが今の職場では、「顔を覚えてもらういい機会なので、親睦会の会費集めは新人がやる仕事」とされていて、年に数回ある親睦会の当日に受付に待機して会費を集めなければならないのがとにかく苦痛だ。

もともと計算ミスが多いことから、他の人なら暗算でできるような計算もスマホの電卓やエクセルでやっているのに、当日会場での集金だとお釣りの計算が大変だし、間違えないように丁寧にやっていると「早くしてよ！」と急かされるので、ますます計算ミスをしてしまう。

迷惑をかけるからと同僚や上司にそれとなく相談してみたが、「みんなやったから」「気をつければいいことでしょ」とにべもない返答で、こちらの窮状を理解してもらえない。

できたらやりたくないのだが、それはわがままでやはり新しい人が入ってくるまでは我慢するしかないのだろうか。

原因

職場のルールや文化と自分のスキルとのミスマッチ

計算LDがある人にとって**素早く、かつ正確に計算することを求められるお金のやり取りは、実はかなり負担が大きい**。このような場合、できることなら他の人に交代してもらうか、作業を分担してもらえるといいが、事例のようになかなか状況を理解してもらえないこともあるだろう。

計算LDではなくても、ADHD特性が強い人にとってもこのような場面は**並行作業が多いためにケアレスミスが生じやすい**し、ASD特性が強い人にとっても**自分のペースで作業ができない上に苦手な人付き合いを強要されるのはかなりストレスになる**。

就職活動をしていても、その間に主にやり取りするのは学歴や職歴、資格などのハードスキルに関する情報なので、この手の職場内での暗黙のルールや企業内文化といったソフトスキルに関する情報はあまり公にされていないことが多い。しかし、22ページでも触れたが、発達障害の人が働き続けるにはソフトスキルに関する項目が自分に合っているかが実は重要だ。

会社は仕事をして利益を上げることが本来の目的だから、業務を進めるために今までのようにアプリなどを使って計算が苦手なことを自分なりに工夫してみてもいいし、素早い対応が必要な親睦会の会計がどうしても難しいのなら得意な人に代わってもらう方法を考えたほうがいいだろう。

解決法　ネット振込みや送金アプリを利用する

当日集金すると間違いが多い上に受付も渋滞して待たされるから、できればスムーズに済ませたいのは他の人も同様だろう。いきなり全員には難しいかもしれないが、まずは同じ部署の人やよく話す機会がある人に対して**ネット振込みや集金アプリなどによる支払いにできないか交渉してみよう**。

このところスマホでの買い物が普及しつつあるので、応じてくれる人もいる可能性が高い。銀行振込みも最近はスマホでもできるから、抵抗ない人から徐々に切り替えていけばいい。

個人間の送金アプリはLINEをやっている場合は**LINE Pay**、それ以外の人なら**楽天ペイ**や**Kyash**、**d払い**などが便利だ。

筆者は夫との間でも1万円以下ならKyashを利用している。ADHD特性も強い夫はお金のやり取りをうっかり忘れてしまうことがよくあったが、その場で送金してもらえるようになってだいぶお互いの精神的な負担を減らすことができた。

クレジットカードやコンビニなどからチャージした分だけ送金や買い物にも利用できるので、会費が余った際の返金などもスムーズにできる。また、アプリで送金状況を確認できるから誰が払ったかが明確になり、もらい忘れや二重取りといったケアレスミスも防ぎやすい。

代表的な送金アプリ

アプリ	特徴
LINE Pay	• LINEの友だち同士なら手軽に送金、送金依頼、割り勘ができる • 銀行口座やコンビニなどでチャージ可能
Kyash	• アプリ内に誰でもすぐに「Kyash Visaカード」を発行できる • 利用後の残高や明細をすぐに確認できる • カードで割り勘・送金ができる
楽天ペイ	• 楽天スーパーポイントが使える、貯められる • 利用履歴をアプリ上ですぐ確認でき、使いすぎを防止できる
d払い	• 決済が完了するとレシートメールが届く • 利用履歴をスマホからいつでも確認できる • ドコモの回線契約がある人はスマホ料金と一緒の支払いができるため、クレジットカード登録が必須ではない

現金だと心配な紛失や盗難への気遣いも減らせるし、1円単位でも小銭でのやり取りがないので計算ミスをしやすい特性がある計算LDやADHD傾向の人にとっては利用価値が高いだろう。

事前に会費を集める、お釣りのパターンを用意する

ネット振込みや集金アプリでの集金が困難な場合、事前に会える人からは**できるだけ前もって会費を集めておけば当日慌てない。お釣りも事前にいくつかのパターンを予測**しておけば、慌てずに渡せる。特に一度に複数の情報を処理することが苦手な人（ADHD特性が強い人に多い）は、たとえば会費が3500円の場合、ぴったり渡してくれる場合以外は、

- 4000円でお釣り500円
- 5000円でお釣り1500円

LINE Payでの送金のやり方

1 「送金」をタップする。

2 送金する相手を選択する。

3 送金する金額を入力し❶、「次へ」をタップする❷。

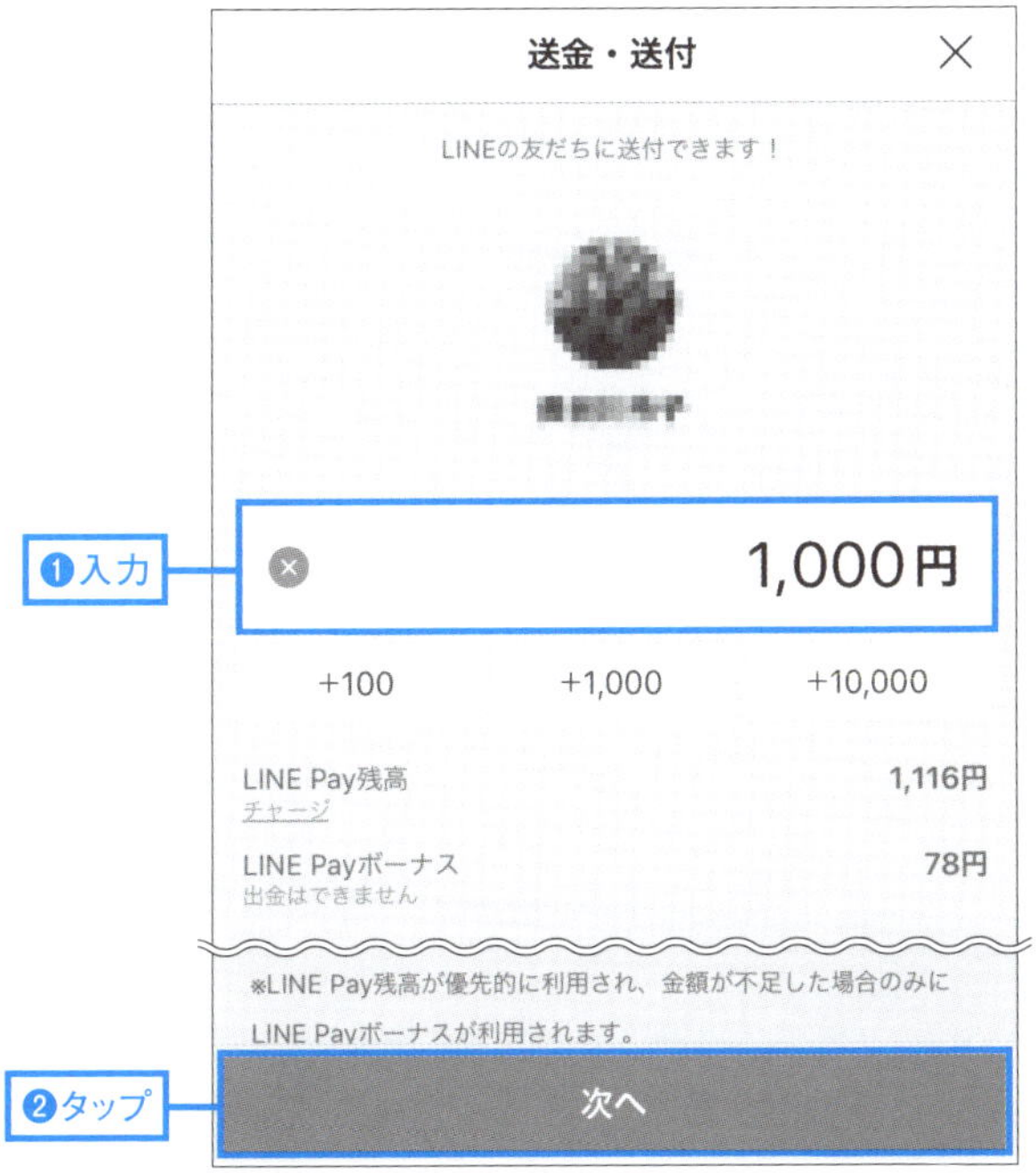

4 メッセージを入力し❶、カードを選択して❷、「送金・送付」をタップする❸。

- 5500円でお釣り2000円
- 1万円でお釣り6500円
- 1万5000円でお釣り7000円

というように想定されるお釣りをシミュレーションしておこう。筆者も以前会費を集める係をしていたときはミスを減らすためにお釣りのパターンを書いておき、千円札と500円玉を多めに用意していた。

数字だとピンとこない人（計算LD特性が強い人に多い）は、次ページのように**絵で描いておく**とミスを減らすことができる。

得意な人に代わってもらう

奥の手かもしれないが、信頼できる人に事情を伝えて「出欠確認や受付はするので会計をお願いできないか」と依頼するのもいいだろう。事例のように会計は苦手な人もいるが、その反対に得意な人もいる。

筆者はもともとASD特性が強いこともあり、社会性を問われる親睦会などのときに気の利いた振る舞いをするのはがんばればできるが、非常に疲れてしまう。一方で会計作業は苦にならないので、苦手な人から「交代して欲しい」と言われたら喜んで協力する。

お金の集計や計算などをしていれば多少気が利かなくても「忙しいのね」と見逃してもらえるし、お酒を飲みたくないときも「ミスするといけないから」と角を立てずに断れる。得意な人同士で助け合えれば一石二鳥だ。

何か言ってくる人もいるかもしれないが、「手が回らなくて」とだけ伝えればいいだろう。大半の人は今までより受付が渋滞せずに会計がスムーズにいくようになればお互いにとって好ましいので、それ以上は何も言わないことがほとんどだ。

そもそも新人が親睦会の集金をするルールはかつて新入社員が多かった時代にできたもので、以前なら得意なことを分担し合えた可能性が高い。それが新人が減って一人で全部やらざるを得ない状況になっても見直されないから負担になっている可能性もある。

この手のルールは状況が変化しても何となくそのままになっていることが多く、大変だと思っても自分の番が終わってしまうと改善しようという気が薄れてしまう。それならこちらが困らないよう合理的な方法に変えていくことも検討しよう。

お釣りの渡し方の例

会費が3,500円の場合

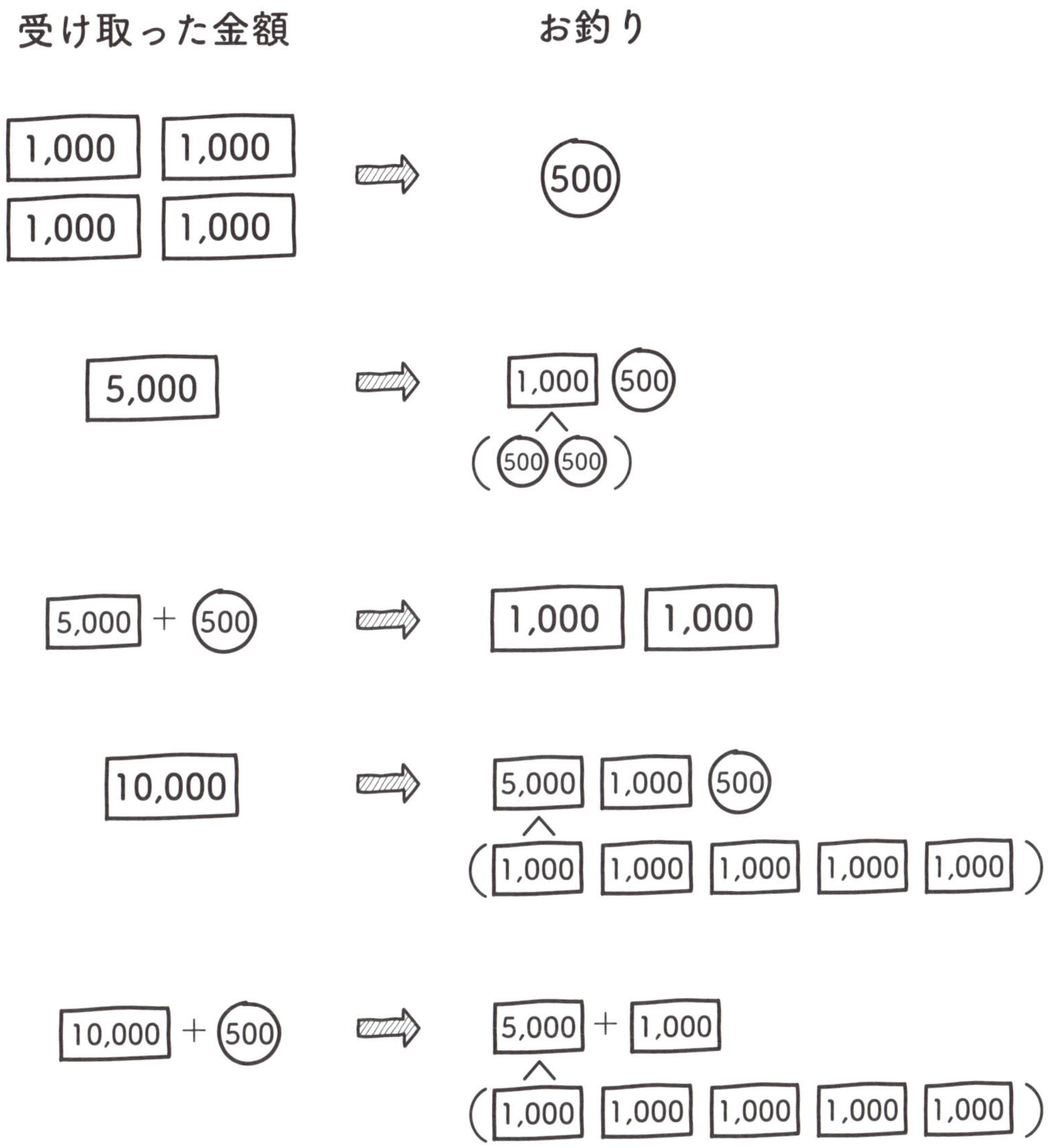

数字だとピンとこない人は絵で描いておくとミスを減らすことができる

本来もらえる金額よりも給料が少ない気がする

対策

- 明細書のルールに沿って内容を確認する
- 不明な引落しがないか確認する

事例　給与明細書を見るといろいろ引かれている

昨年までは給料日に明細書を渡されてもざっと目を通す程度だったが、新年度になってよく確認したところ、今までよりも引かれている額が増えており、「おや？」となった。

同僚に聞いても「年金や健康保険の保険料が変わったからじゃない？」「住民税が上がったからじゃないの？」と曖昧な答えばかりだし、明細書を見ても難しい用語がたくさん並んでいて、それぞれがどれを指しているのかがよくわからない。

学生時代、アルバイト先の飲食店でお釣りをミスしたときにその分の金額をアルバイト代から引かれたり、制服のクリーニング代といわれて給料から天引きされていた。ところが後日、それは法律違反だとわかり、他のスタッフや親たちと一緒に話し合いに出掛けて返してもらったことがあった。本当はどうなのか確認したいが、まずどうしたらいいのだろうか。

原因　給与から引かれる項目をよく知らない

会社員として働いていると、大半の場合、給与から税金や社会保険料などが引かれているし、さらに通勤手当（会社によっては住宅手当なども）がついた額がまとめて支払われる（いわゆる手取り額）。そのため、普段はあまり意識していないかもしれないが、給与明細をよく見てみると、税金（所得税、住民税）や社会保険（年金や健康保険、雇用保険など）が10〜20％近く給与から引かれている。

ところが、このような税や社会保険の制度については、この種の法律について勉強している人や事務経験者（総務や経理など）以外はよく理解していないことが多い。

そのため、いったん気になると「法律違反なんて言語道断！」とルールにこだわる（ASD特性が強い人に多い）、「どういうことだ！」と感情的になる（ADHD特性が強い人に多い）といったことがあるだろう。

保険料は標準報酬月額から算出するが、利率や算出方法が定期的に見直される。同じ給与額なのに変更がある場合は見直しによるものが多い。大幅な変更だとニュースでも取り上げられるし、変更の通知は明細書などに記載されているはずだ。

同様に税金や制度も毎年のように変わっている。この種の変更は

会社員が加入する社会保険

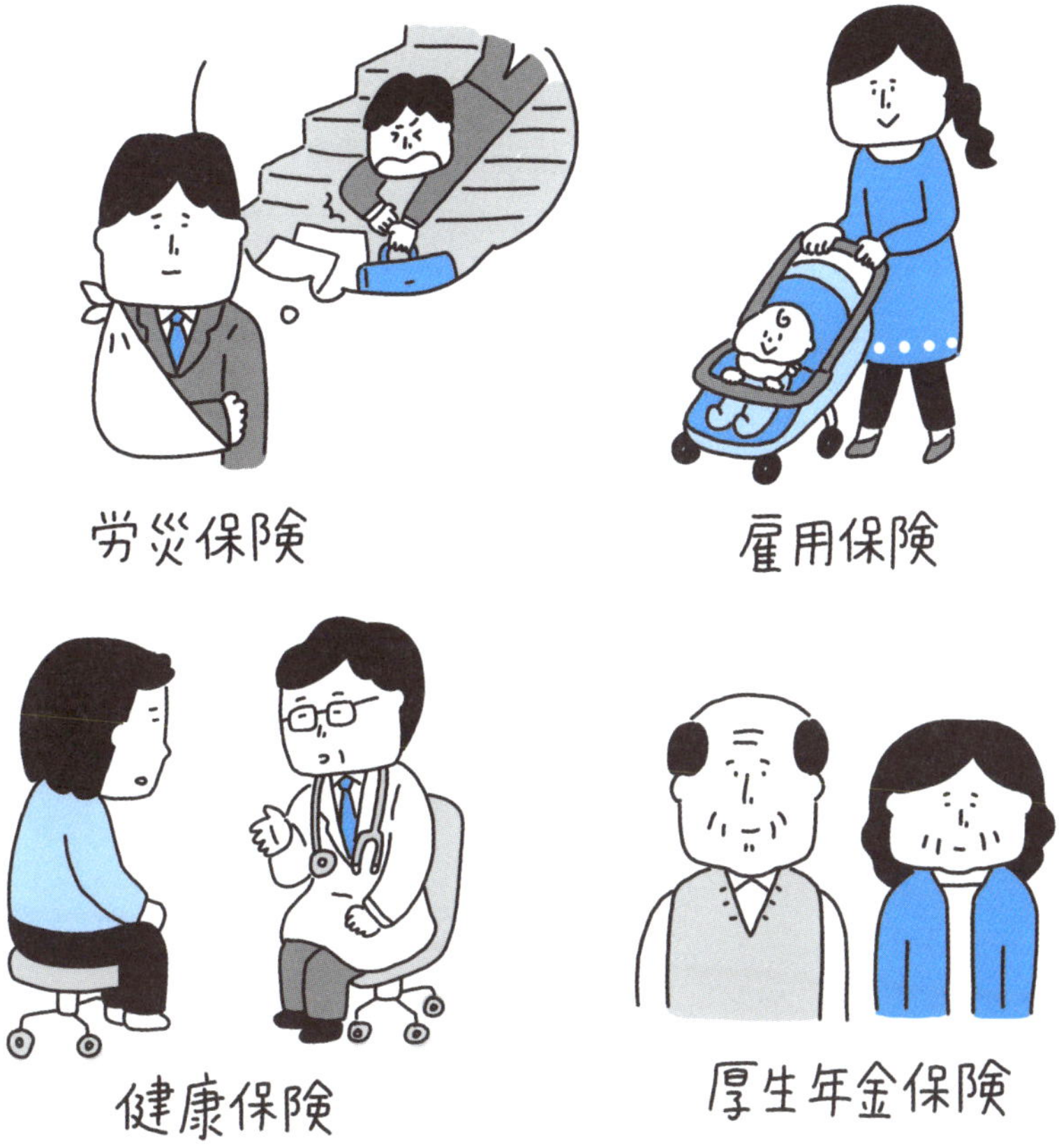

給与明細書と控除の例

○×株式会社	
令和1年9月分	給与明細書
翔泳　太郎	殿

部門名	経理
社員NO	2

令和1年9月分

給与明細書

部門名	経理	社員NO	2	氏名	翔泳　太郎　殿

勤怠				
	労働日数	出勤日数	有給休暇日数	慶弔休暇日数
	20		1	
	欠勤日数	遅刻回数	早退回数	超勤時間
			1	7

差引支給額
262,094

いわゆる残業代（時間外手当）

支給							
	基本給	役職手当	資格手当	家族手当	時間外手当	通勤手当	
	240,000	10,000	30,000	5,000	17,000	16,800	
						不就労控除	総支給額
							318,800

控除							
	健康保険(介護)	健康保険(健保)	厚生年金	雇用保険	社会保険料合計	所得税	住民税
	1,185	7,470	13,371	5,000	27,026	5,780	3,900
					積立金	返済	控除計
					20,000		56,706

健康保険(介護)：40歳以上が対象

厚生年金：会社と個人で半額ずつ支払っている

雇用保険：失業時などに給付を受けるために支払う

積立金：労組などとの合意が本来必要

所得税：前年度の総収入で支払う額が決まる

住民税：2年目から控除される

備考

4月1日もしくは10月1日から施行されることが多いから、この日のニュース記事をチェックすると情報が得やすい。

一方で本来なら雇用主が支払うべき費用を給与から差し引かれている場合もあるかもしれない。労働者は雇われる立場だから、不利益が生じないようさまざまな法律で守られている。しかし、疑問に感じて調べないとわからないことが多いし、雇用主が法律をよく知らない場合もあるだろう。

まずは**給与明細の確認方法と自分が払っている税金や社会保険について状況をチェックすることから始めてみよう。**

解決法

給与明細を確認する

毎月もらっている給与明細は、「今回の振込金額はこの条件で決まりました」という会社からの確

所得税と住民税の計算方法

●所得税の計算方法

課税所得×税率−税額控除額＝所得税

●所得税の税率

課税所得金額	税　率	控除額
195万円以下	5%	0円
195万円超330万円以下	10%	9万7,500円
330万円超695万円以下	20%	42万7,500円
695万円超900万円以下	23%	63万6,000円
900万円超1,800万円以下	33%	153万6,000円
1,800万円超4,000万円以下	40%	279万6,000円
4,000万円超	45%	479万6,000円

●住民税の計算方法

（所得金額−所得控除額）×所得割10%＋均等割5,000円＝住民税

認書のようなものだ。通帳に振り込まれた金額と合っていればそれ以上チェックしないかもしれないが、よく見るとさまざまな内容が記されている。

正社員の場合、必ず控除されているのが税金（所得税や住民税）と社会保険料（厚生年金、健康保険、雇用保険）だが、所得税は今年の所得、住民税は前年の所得をもとに算出される。

働き始めた年の住民税はその会社の所得がないから給与から控除されない（他の所得がある場合は退職後などに住民票がある自治体から払込票が送付され、原則自分で直接支払う）。そのため2年目になって住民税がかかるようになると、「急に振込額が減っている！」と慌ててしまう（特にASD特性が強い人に多い）が、まずは落ち着いて**明細書のルールに沿って内容を確認しよう。**

社会保険料は標準報酬月額（基本給に諸手当なども加えた額）によって31の等級に分かれている。毎年9月に4月から6月の報酬月額をもとに標準報酬月額の改定が行われるが、報酬月額に大幅な変動（標準報酬月額の2等級以上）があった場合には適宜改定が行われる。変更になった場合は明細書からもわかるが、どの等級かわからないときは総務や経理の人に問い合わせれば教えてくれる。

住民税は毎年5月から6月頃に算出された通知が届くので内容を確認しよう。住民税の目安額を算出してくれるサイトもあるので、計算が苦手な人（計算LD特性が強い人に多い）はこちらを利用してもいい。

他にも新たに財形貯蓄を開始したことをうっかり忘れ、給与から引かれていた（ADHD特性が強い人に多い）といった給与から支払われる契約を見落としていないかを点検しよう。

労働者を守る法律

法　律	内　容
労働基準法	労働条件に関する最低基準を定めた法律で、労働契約関係について規定する最も基本的な法律
労働組合法	「労働者」と「使用者」の関係を定めた法律。労働組合の結成、団体交渉権などについて規定している
労働関係調整法	労働争議を解決するために、労働委員会が労使の間に立って調整の役割を果たすことを定めた法律
労働安全衛生法	労働災害を防止するために、労働者の安全と衛生についての基準を定めた法律
労働契約法	「労働者」と「使用者」とが結ぶ雇用契約の基本ルールを定めた法律

不明な引落しがないか確認する

労働者を守る法律は多数あるが、労働者の権利を具体的に定めたものが**労働三法**（労働基準法、労働組合法、労働関係調整法）だ。その他に職場における労働者の安全と健康を守り、労働災害を防止することを目的とした**労働安全衛生法**、労働者と使用主（雇用主）との基本的な事項を定めた**労働契約法**がある。「法律なんて面倒だ（ADHD特性が強い人に多い）！」となりがちだが、働く上での最低条件として認識しておこう。

事例でも過去に釣り銭のミスや制服のクリーニング代を給与から引かれていたのが法律違反で返金してもらった、となったのもこれらの法律が根拠になっている。

労働基準法では給与から控除できる税金や社会保険料以外は労使協定が必要と定められている。福利厚生などで内容が明白なものであっても書面での協定なしというのは問題だし、釣り銭のミスや制服のクリーニング代を天引きしていたことも問題になる。

法律では釣り銭のミスが生じないような体制を整える（たとえば高額紙幣が入ったときは複数人で確認する、釣り銭のミスをしやすい人をレジから外す）、職場衛生を管理する（たとえば飲食店なら制服を貸与・管理する）のは使用主の役割とされているし、法律に違反した場合は刑罰が科せられることもある。

もし身に覚えがない天引きなどがあった場合は、まず使用主と話し合って解決することが望ましいが、話の進め方などがわからない（ASD傾向が強い人に多い）、話し合いの最中にカッとなりやすい（ADHD傾向が強い人に多い）場合は、職場に労働組合があるのならまずはそちらへ相談し、ない場合は人事や総務へ話してみよう。就職支援や職業支援サービスを利用していた人はそちらの関係者に相談してもいい。

会社の人に話しても埒《らち》が明かず、相談相手がすぐに思い浮かばない場合は厚生労働省の総合労働相談コーナー（https://www.mhlw.go.jp/general/seido/chihou/kaiketu/soudan.html）を利用してみよう。労働基準監督署や裁判所、法テラスなどとも連携しているから必要に応じてそれらの機関につないでもらえる。秘密厳守なので会社の人に話すこと自体悩んでいる場合も相談してみるといいだろう。

職場で「確定申告するの?」と聞かれたが、よくわからない

対策

- まずは医療費を集計してみる
- 所管の税務署に行って相談する

事例　確定申告って聞いたことはあるけど……

昨年はうっかり転んで骨折してしまい、かなり医療費がかかってしまった。年末調整の時期になった頃、事務長から「そういえばケガでしばらく通院していたよね。医療費が10万円以上かかっているだろうから、来年は確定申告するの?」と聞かれた。

確定申告ってニュースでは聞いたことがあるけれど、税務署まで行って手続きをしないといけないことが面倒だし、領収書の計算というだけで大変そうだ。それに平日に税務署へ行くとなると仕事に差し障りが出そうだ。わざわざ会社を休んでまでやらないとダメなのだろうか。

原因　確定申告の制度をよく理解していない

所得税はその年の1月から12月までの収入をもとに算出されるが、概算で見積もられるため、多くの人は多めに税金を納めている。そのため会社員の場合、大半の人は年末調整をして正規の額を確定し、足りない分を納めたり払いすぎた分を返してもらったりする。正社員だと11月下旬頃に生命保険や個人年金、扶養家族について用紙が配布され、記載して事務へ提出しているはずだが、それが**年末調整の手続き**だ。

自営業者は会社で年末調整をしないから、収支やそれに伴う税額もハッキリしない。だから自分で収入やそれを得るためにかかった費用(経費)を計算し、税務署へ

収支報告して税金を支払う（あるいは払いすぎた分を還付してもらう）ことになっている。この一連の作業が確定申告だ。

　会社員でも、下記のような場合には確定申告が必要になる。

　事例でも、保険金を差し引いても医療費が年間10万円以上かかっていたら確定申告で医療費控除をすると払いすぎた税金が戻ってくる。また、住民税はこの確定申告をもとに算出されるから住民税が軽減される。

　「年末調整でも書類を記入するのが面倒なのに、確定申告までやらないといけないの？」と一気にやる気がなくなる（ADHD特性が強い人に多い）、「よくわからないことをやるなんて無理！」と躊躇《ちゅうちょ》してしまう（ASD特性が強い人に多い）かもしれないが、確定申告の期限を過ぎていても医療費控除などはさかのぼって申告できる。条件に当てはまったらまず国税庁のホームページで確認するか、所管の税務署へ問い合わせよう。

解決法　医療費を計算してみる

　医療費の集計は国税庁の確定申告書等作成コーナーのホームページからダウンロードできる**医療費集計フォーム**（エクセルファイル）を利用すると便利だ。

　ファイルを開くと氏名、かかった病院や薬局の名前、医療費の区分（診察、医薬品、介護保険サービス、その他）、支払った医療費、そのうち保険で補填される金額を記入する欄がある。該当する欄を記入または選択すると合計金額が自動的に計算される。よく行く医療機関は一度入力してしまえばコピー＆ペーストができる。記入ミスをしやすい人（ADHDの特性が強い人に多い）や計算が苦手な人（計算LDの特性が強い人に多い）で該当するならぜひ利用しよう。

　「そんなに利用していないかも」と思っても医療機関へ通う際にかかった交通費や、ドラッグストアで購入した市販薬（医薬品と記載されているもの）、医療機関から購入するよう指示された包帯代や松葉杖のレンタル代なども対象になるからトータルで計算すると実はか

会社員でも確定申告が必要になるケース

- 2カ所以上から給与を受け取っている
- 医療費を年間10万円以上払った
- 副業などの収入が20万円以上あった
- 住宅ローン控除をはじめて受ける
- 寄付金控除が認められている団体に寄付をした
- 災害や盗難で家や家財道具に被害を受けた
- 6カ所以上にふるさと納税をした
- 給与収入が2,000万円を超えている

医療費集計フォームの記載例

入力した合計金額		
	支払った医療費の金額	131,147円
	上のうち、補填される金額	25,000円

No	医療を受けた人（全角10文字以内）	病院・薬局などの名称（全角20文字以内）	医療費の区分　※複数選択可				支払った医療費の金額（半角数字9桁以内）	左のうち、補填される金額（半角数字9桁以内）
			診療・治療	医薬品購入	介護保険サービス	その他の医療費		
1	新宿太郎	おかやま整形外科	該当する			該当する	8,300	25,000
2	新宿太郎	おかやま整形外科				該当する	5,000	
3	新宿太郎	ヤマグチ薬局		該当する			2,480	
4	新宿太郎	新宿ドラッグ		該当する			580	
5	新宿太郎	おかやま整形外科	該当する				1,250	
6	新宿太郎	おかやま整形外科				該当する	1,500	
7	新宿太郎	新宿内科	該当する				2,000	
8	新宿太郎	ヤマグチ薬局		該当する			2,480	
9	新宿太郎	新宿ドラッグ		該当する			580	
10	新宿太郎	おかやま整形外科	該当する			該当する	2,689	
11	新宿太郎	新宿内科	該当する			該当する	1,880	
12	新宿太郎	おかやま整形外科				該当する	2,560	
13	新宿太郎	おかやま整形外科				該当する	2,000	
14	新宿太郎	ヤマグチ薬局		該当する			2,890	
15	新宿太郎	新宿ドラッグ		該当する			880	
16	新宿太郎	おかやま整形外科	該当する			該当する	5,800	
17	新宿太郎	おかやま整形外科				該当する	1,200	
18	新宿太郎	ヤマグチ薬局		該当する			2,480	
19	新宿太郎	新宿ドラッグ		該当する			580	
20	新宿太郎	おかやま整形外科	該当する			該当する	1,250	
21	新宿太郎	おかやま整形外科				該当する	1,500	
22	新宿太郎	新宿内科	該当する			該当する	2,000	

なりの額になる。そのため通院記録や薬のレシートは封筒やクリアファイル（A5サイズが便利）に入れて必ず保管しておこう。

確定申告書を作成する

条件に該当する場合は**確定申告書を作成**し、所管の税務署へ提出する。税務署へ行かなくても国税庁のホームページで作成したものをプリントアウトして郵送することも可能だ。

確定申告書を作成する際に会社から配布された源泉徴収票は原本が必要なので用意しよう。もし紛失していたら事務の人に事情を話せば再発行してもらえる。また、マイナンバーカード（もしくは通知カード＋身分証明書）のコピーおよび税務署へ送る封筒（切手の貼付が不要で追跡サービスつきのレターパックライトがお薦め）を準備しよう。控えを返送して欲しい場合は返送用封筒（切手を貼って自宅住所と氏名を記入）も用意する。

国税庁の確定申告書等作成コーナーのホームページを開き、ご利用ガイド→ご利用方法と進むと具体的な手順が出てくるので、手順を確認して作業を進めていける。

医療費控除の場合、トップページの作成開始→提出形式の選択→所得税→給与・年金の方→給与額の記入→医療費控除の「入力する」をクリック→医療費控除を選択→集計フォームの読み込み→住所氏名など必要事項の記入と進んでいくが、慣れないと時間がかかるので適宜データを保存しておけば、時間ができたときに続きから始められる。

「こんなに面倒なの!?」とうんざりしてしまうかもしれない（ADHD特性が強い人）が、事前に医療費集計フォームを作成し、源泉徴収票などの必要書類や封筒を用意しておけば、後は該当欄に記入していくと書類が完成する。宛先も印字してくれるからプリントアウトして貼り付ければいい。

どうしても郵送が面倒ならe-taxという方法もあるが、利用するための手続き（IDやパスワードを税務署で発行してもらうなど）が必要なため、毎年提出する人以外は郵送のほうが手間がかからない。書類に不備がなければ数週間ほどで払いすぎた税金が口座に振り込まれる。

空いているときに所管の税務署へ行く

いざというときは領収書やレシートおよび交通費のメモ、そしてマイナンバーがわかるものを持って**所管の税務署へ行って相談すれば税務署職員に教えてもらいながら書類を記入・提出できる。**書類の記入ミスが多い（ADHDやディスレクシア特性が強い人に多い）、手順を追うのが苦手（ADHD特性が強い人に多い）な人で、「確定申告書を作ろうとしたけれど、途中で挫折した」場合は確定申告の時期（2月16日〜3月15日）を避けて相談に行こう。

「会社を休まないといけないのか」と面倒に感じる（ADHD特性が強い人に多い）、「仕事があるのに」（ASD特性が強い人に多い）と罪悪感を覚えるかもしれないが、医療費控除などは1月から受け付けているから早めに相談に行けばスムーズに終わる。どうしても年明けから3月15日までは忙しくて税務署へ行く時間が取れなければさかのぼって申告してもいいだろう。

確定申告は自分の収入やそれにかかる税金の仕組みがわかる機会なので、「こんな制度があるのか」「税額ってこうやって決まっていくのか」と視点を変えると、面倒な気持ちが軽減されるだろう。

「確定申告書等作成コーナー」での確定申告の手順

1 まずは国税庁HPへアクセスする
URL:https://www.nta.go.jp/

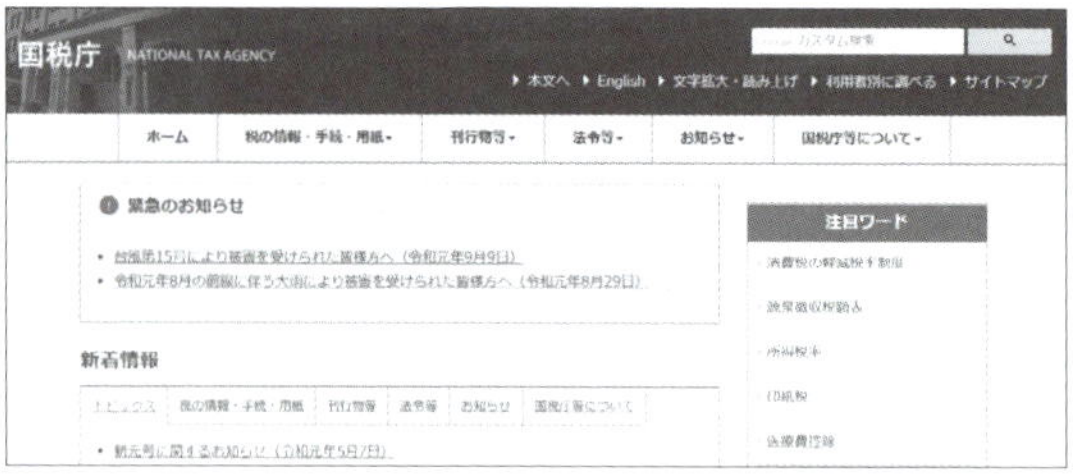

2 「確定申告書等作成コーナー」にアクセスし、トップページから「所得税の確定申告」などをクリックし、「作成コーナー（トップ画面）」にアクセスして「作成開始」をクリックする

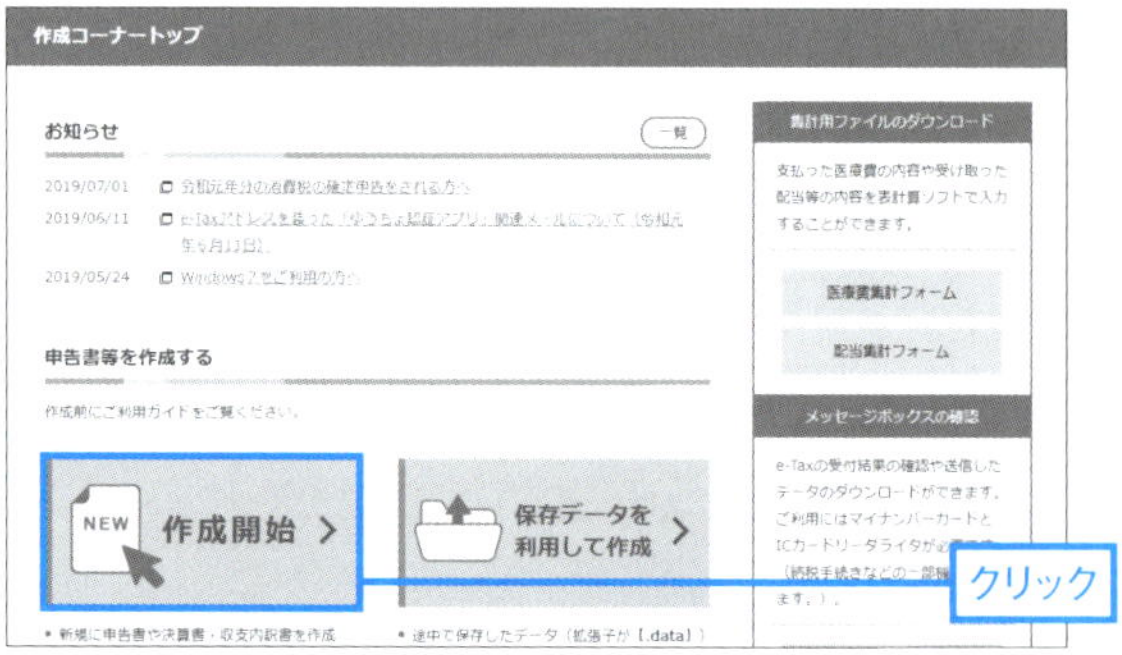

3 e-Taxを利用するか書面提出かを選択する（ここでは書面提出を選択）

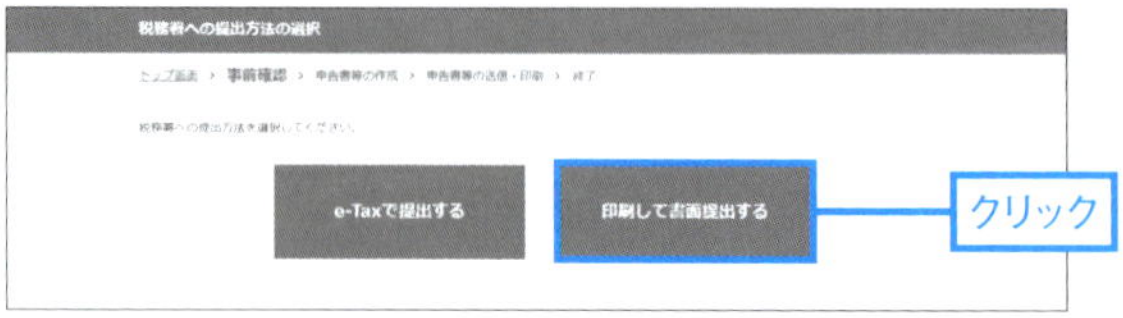

4 作成する申告書を選択する

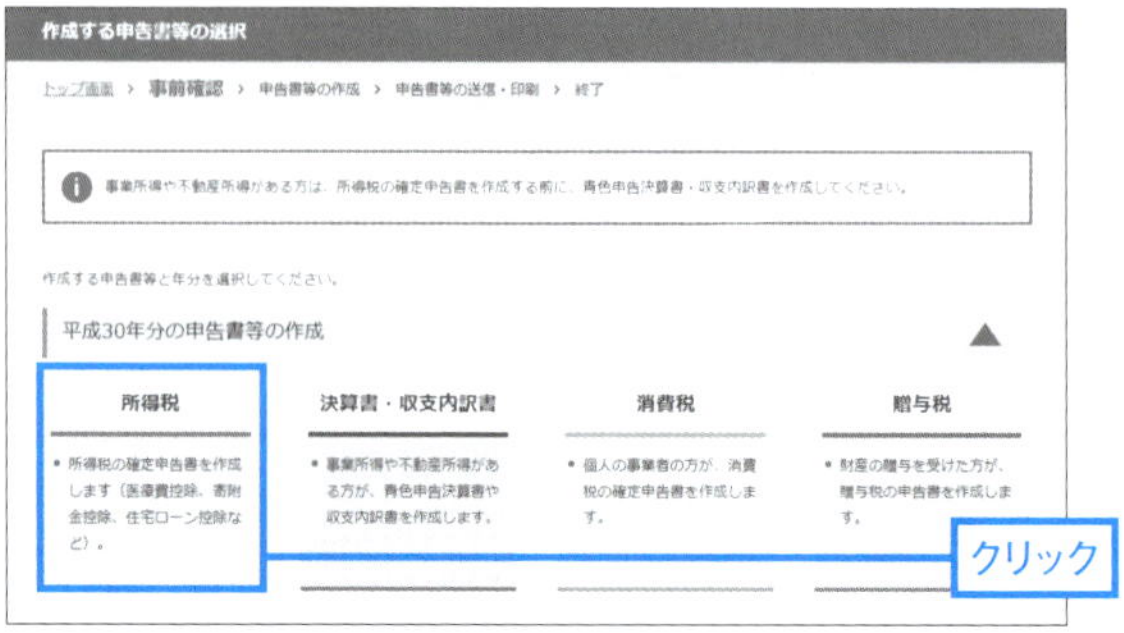

5 給与所得金額などを入力する

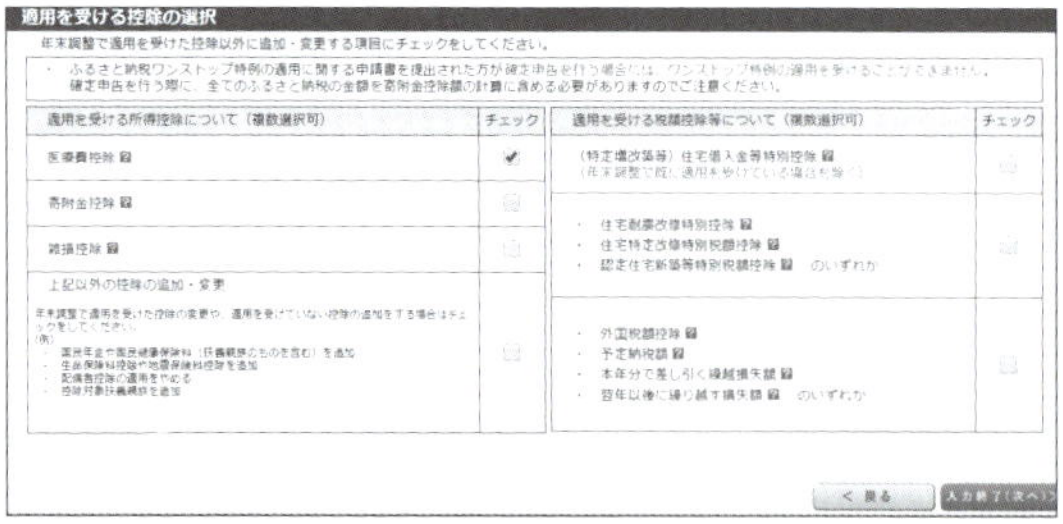

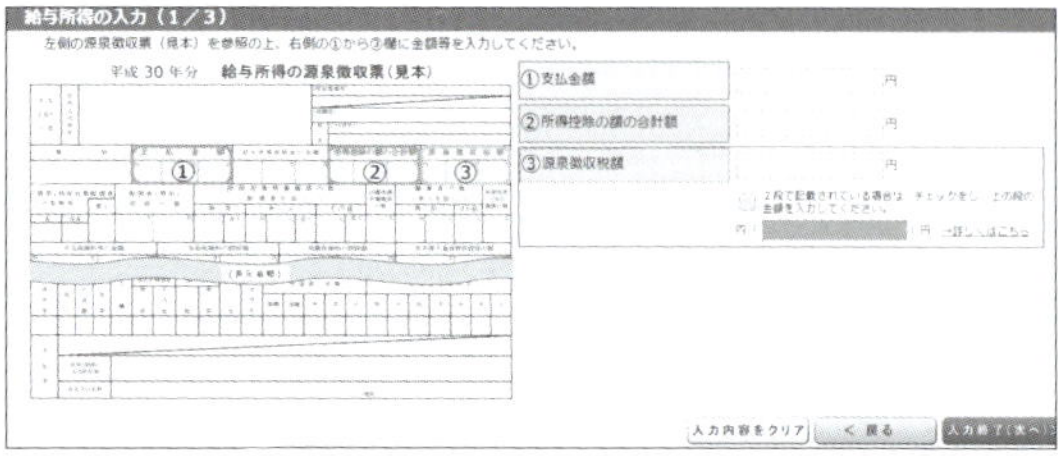

6 医療費の金額などを入力する

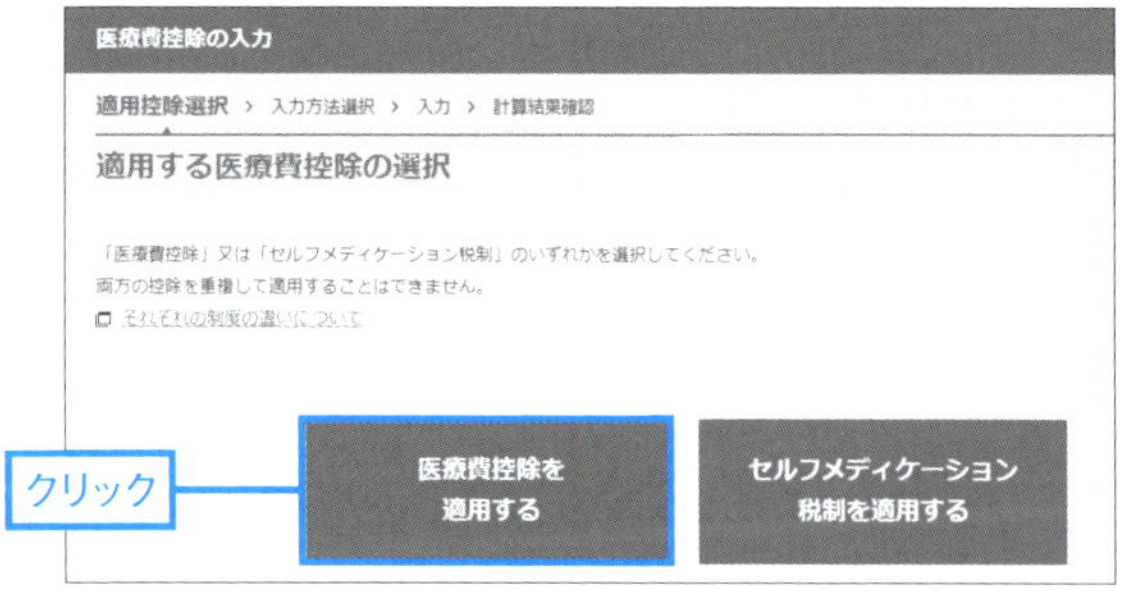

7 医療費控除の入力方法を選択する（ここでは「医療費通知（医療費のお知らせ）」など）や領収書から入力して、明細書を作成する」を選択）

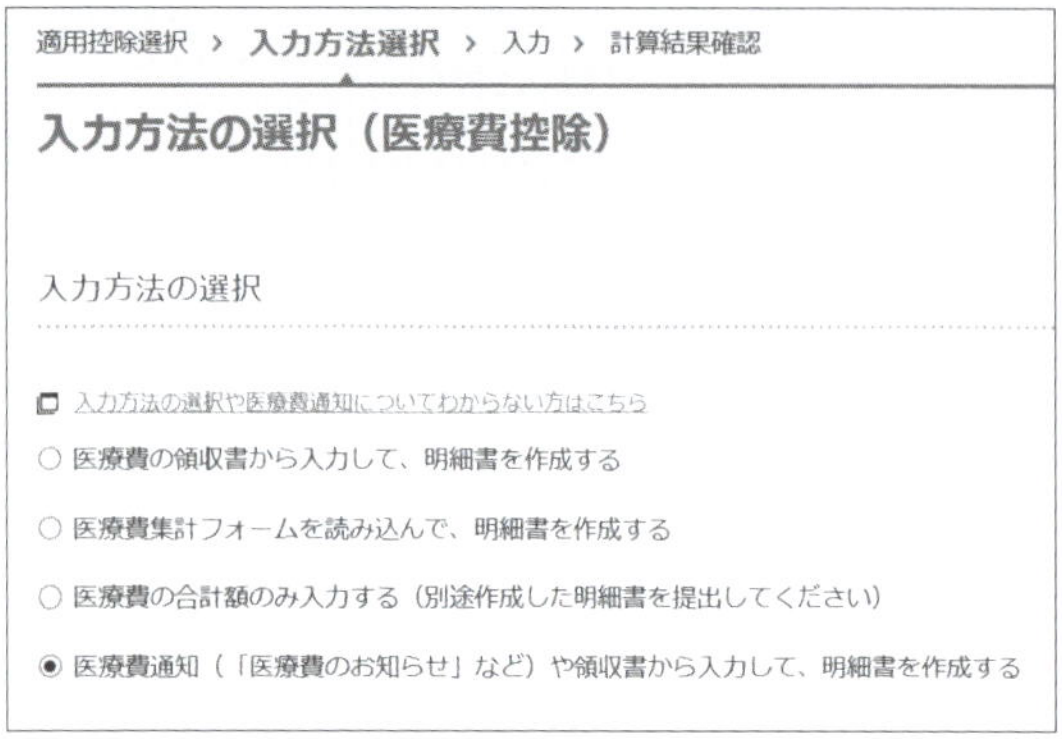

8 還付される金額を確認する

	項目	金額
A	支払った医療費	750,000円
B	保険金などで補てんされる金額	450,000円
C	差引金額（A－B）	300,000円
D	所得金額の合計額	6,585,000円
E	D×0.05	329,250円
F	Eと10万円のいずれか少ない方の金額	100,000円
G	医療費控除額（C－F）（注）	**200,000円**

（注）最高200万円、赤字のときは0円

9 計算結果を確認し、「次へ」をクリックする。控除全体の確認画面に戻るので、還付される金額などを確認して「入力終了（次へ）」をクリックする

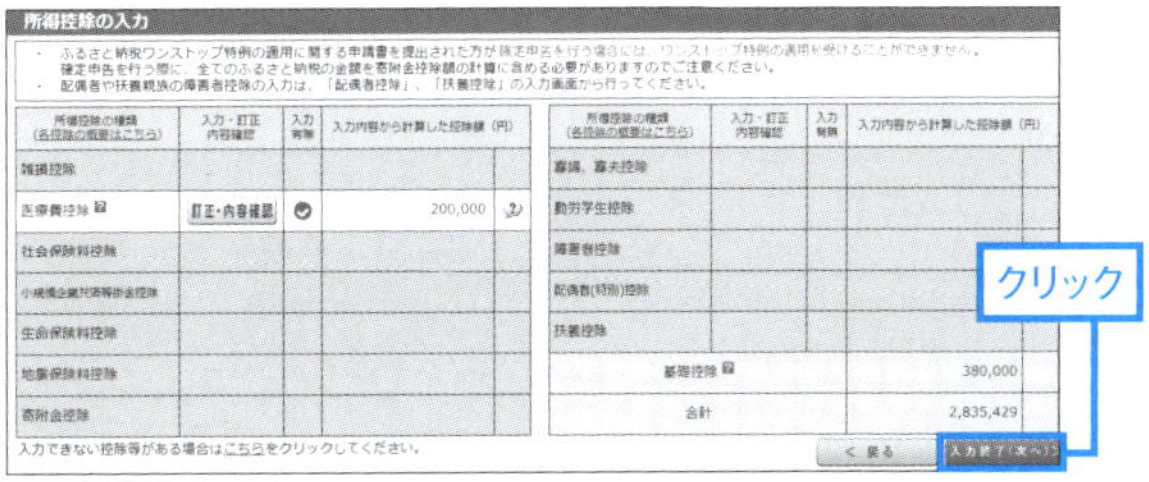

10 住民税等を入力する

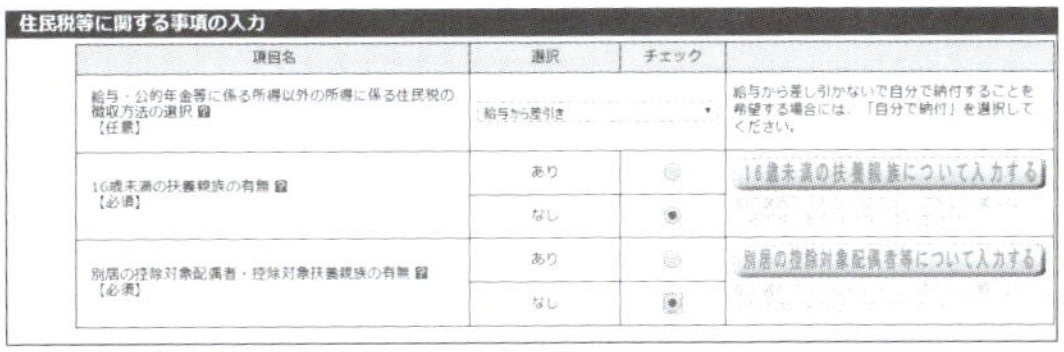

11 住所・氏名などを入力する

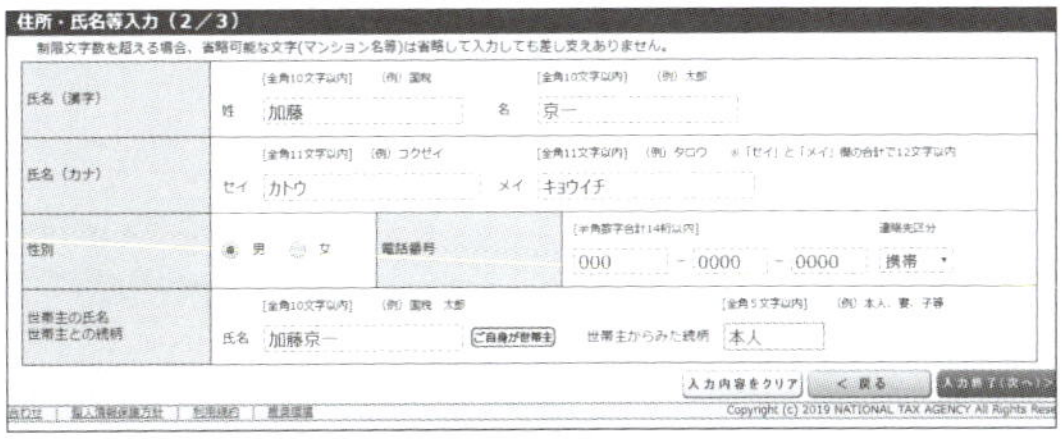

12 申告書を印刷する

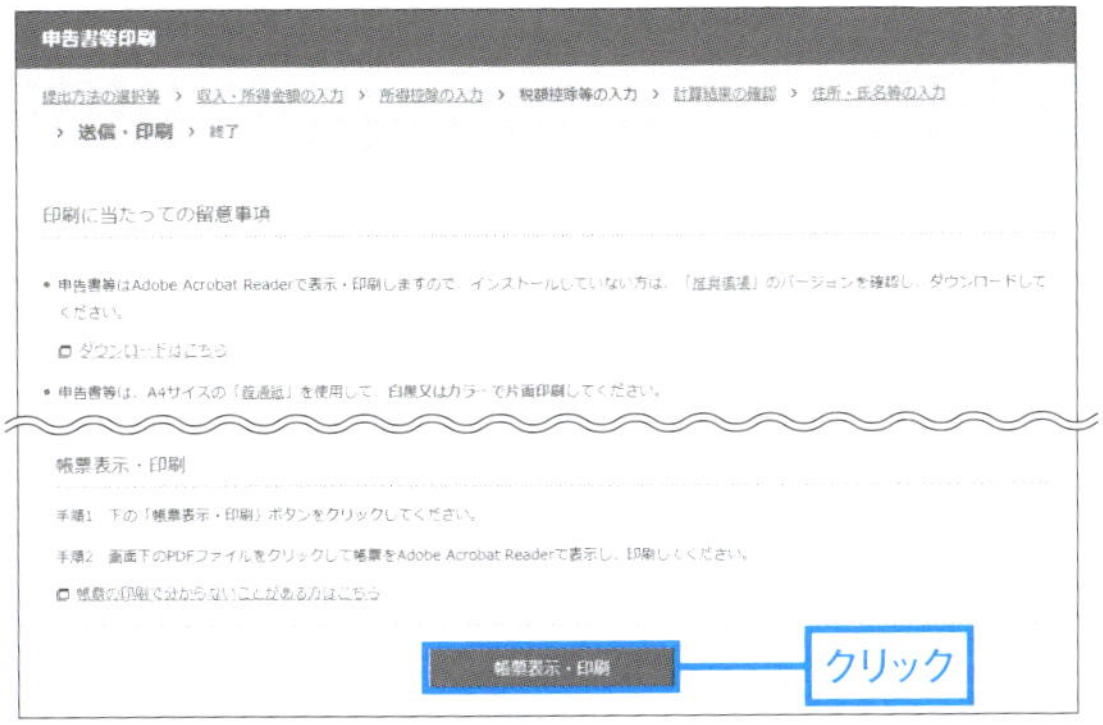

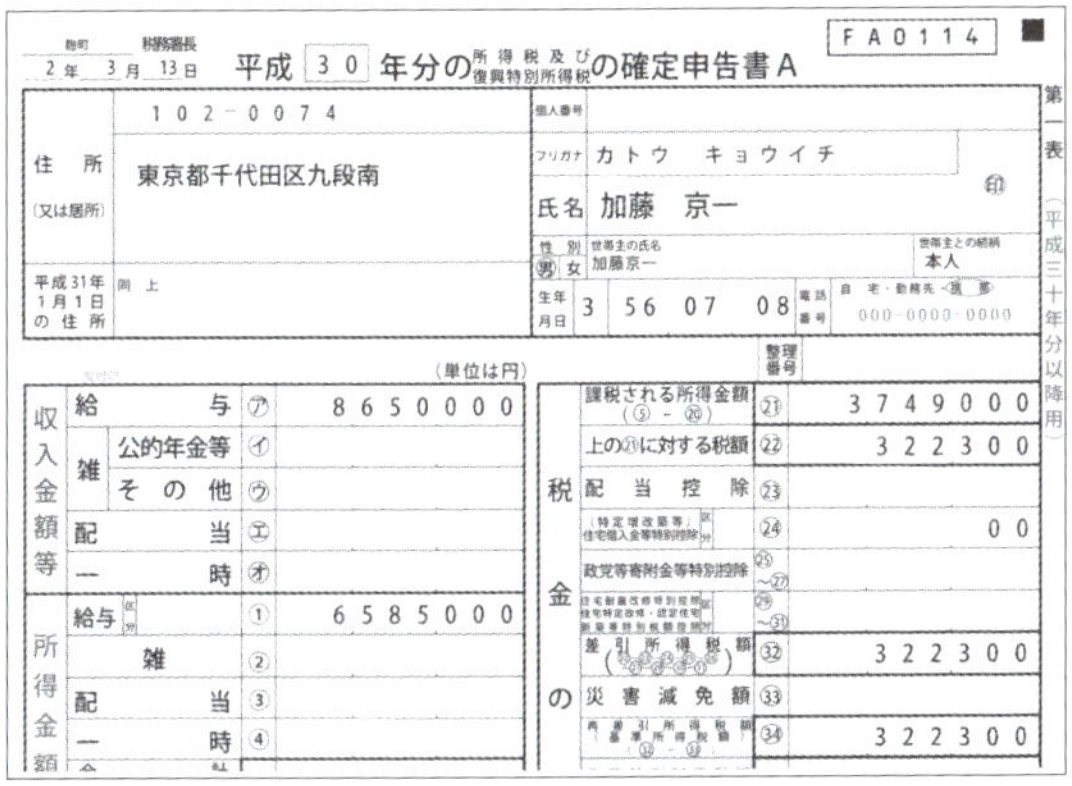

PDFを開いた後、印刷する

申告書がプリントアウトされる

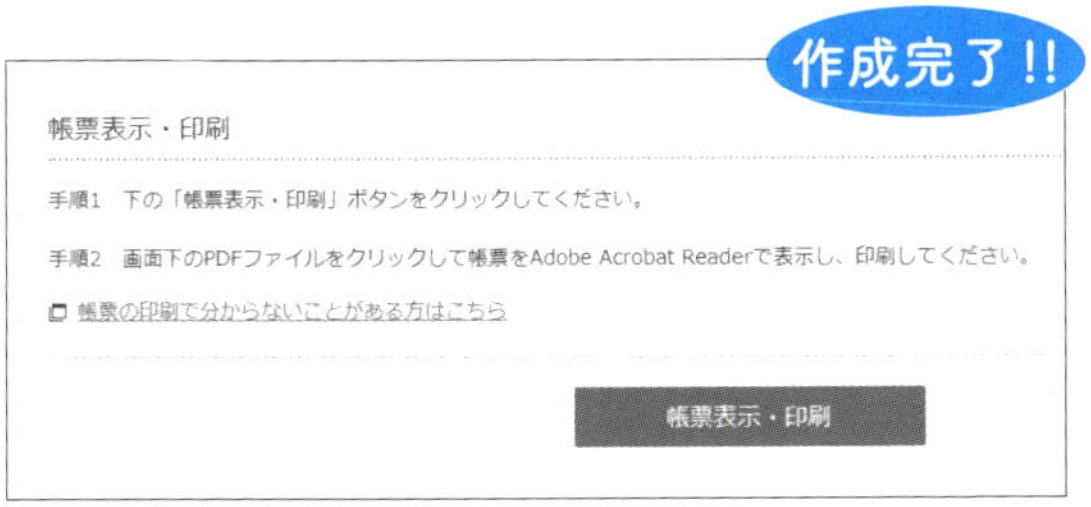

※掲載の画面は2019年11月時点のもので、実際の画面とは異なることがあります。
申告書を作成する際は、実際の画面の指示に従ってください。

収入増のためにも、スキルをもっと身につけたい

対策

- 会社での研修や支援制度を利用する
- 雇用保険の教育訓練給付制度を利用する

事例　上級資格を取って手当を増やしたいけれど……

先日上司と面談した際、「今簿記の2級の資格を持っているよね？　せっかくだから思い切って1級に挑戦してみたら？　資格手当も出るし今後のためにも役立つよ」とアドバイスされた。

上級資格を取れば手当が増えるし、収入などのことを考えても今のうちに勉強したほうがいいとは頭ではわかってはいるのだが、いろいろ考え始めると決断ができず、ついため息ばかり出てしまう。他の人はどうやって情報を集めたり、講座を決めたりしているのだろうか。

原因　スキルアップの目的と優先順位が不明確

最初の数年は仕事を覚えることに精一杯だが、仕事に慣れてくるにつれてもっとスキルアップしたいという欲が出てくるのは当然のことだ。中には**資格を取って自信をつけたい**（ASD特性が強い人に多い）、**新しい自分の可能性を見つけたい**（ADHD特性が強い人に多い）といった理由で勉強したいと考える人もいるだろう。

また、後輩指導などが増えるにつれ、他人とコミュニケーションをうまく取るスキルを伸ばしたい、人前でプレゼンするためのスキルを身につけたい（ASD特性が強い人に多い）、といったソフトスキルについての学びを考えている可能性もあるだろう。

スキルをもっと確実なものにしたいと考えたり、昇給や転職に有

利な資格を取ったり勉強をすることで収入増への見通しも出てくるから学びへの意欲も出てくる。

事例では上司から提案されたので、まだ自分の中での動機が不明確なようだが、仕事をずっと続けるにも情報や技術、そして法律や制度などもどんどん変わるから自己研鑽は不可欠という前提をまず認識することが必要だ。

また、仕事をしながら資格を取るための勉強をする負担と資格取得のメリットが自分の中で釣り合わないと無意識に感じていると行動に移せないこともある（ADHD特性が強い人に多い）。

今の負担や努力が未来のメリットにどうつながるかを整理することも必要になるだろう。

高度なスキルを持つ人材は広い目で見れば社会にも大きな利益をもたらす。そのため国や自治体などでもさまざまな支援制度を実施している。調べてみると「こんな講座もあるの!?」と驚くほど種類が豊富だ。条件が合えばぜひ活用してスキルアップを図ろう。

スキルアップのための講座・支援制度

- 各自治体の職業訓練センターでの在職者向け技能講習会
  例：東京都はたらくネット
- 在職者向けハロートレーニング
- 自治体独自のスキルアップ研修
- 教育訓練給付制度

解決法　会社での研修や支援制度を利用する

筆者が以前勤務していたところでも学会発表や研修会については費用の一部（参加費や交通費など）を社員教育の一環として会社が負担し、研修や学会発表をした人は報告会をして部署内で情報共有することで職場にも還元していた。

会社にとっても一刻も早く戦力になってもらいたいことから、スキルアップに関する費用については積極的に出してくれるところも多い。受けたい講座がハッキリしているのなら、パンフレットなどを上司や事務の人に見せて**費用の一部だけでも負担してもらえないか**お願いしてみよう。

過去に似たような例があればそれをもとに支給額の目安を教えてもらえることが多いが、はじめてのケースなら「受講することで会社にどのようなメリットがあるか」「今の業務とどう関係があるのか」についてあらかじめ文章を作っておこう。特に口頭だとうまく説明できない人（ASD特性が強い人に多い）や話しているうちに要点がわからなくなる人（ADHD特性が強い人に多い）は「相手が知りたいのは何か？」を考える練習にもなるので、よりスムーズにやり取りできる。

職能団体や同じ職種の業界でもスキルアップのための勉強会などを実施していることがある。「このような研修を受けたい」と上司に仕事のスキルをもっと身につけたいことを示すのも大切だろう。

自治体の在職者向け講座を受講する

都道府県などの自治体でも職業訓練センターなどで**在職者向け技能講習会**を開催している。「在住（あるいは在勤）の都道府県＋職業訓練＋在職者」で検索すると出てくる。募集人数が少ない（定員を上回った場合は抽選になることが多い）、申込日が限定されている、受講料の支払いが振込みのみといった条件のため煩雑な手続きが苦手な人（特にADHD傾向が強い人）には少しハードルが高いのだが、受講料が格安（高くても1講座当たり6000円前後）なので、希望する講座があったら受講する価値はある。

たとえば、東京都のはたらくネットではさまざまな分野でのキャリアアップ講習会を開催している。他にも**在職者向けのハロートレーニング**が各都道府県で実施されている。自治体でも独自のスキルアップ研修を実施しているところもあるから、広報（市報など）も確認してみよう。自治体の広報はデジタル版があるので、そこから検索してみよう（特にディスレクシア傾向が強い人）。

公的機関や自治体の講座は民間企業の講座に比べて積極的にPRをしていないため、自分から探さないと情報が出てこないが、これらは職業能力開発促進法に基づいた公共職業訓練の一環で開催されている。実務に役立つ短期の技能講習が多いので、長期間の講座だと見通しが立たず不安になりやすい人（ASD傾向が強い人に多い）にも利用しやすくなっている。

雇用保険の教育訓練給付制度を利用する

雇用保険と聞くと失業給付金を真っ先にイメージする人が多いかもしれないが、実は他にも傷病手当金や育児休業給付、介護休業給付など就労が困難なときの支援制度、そして**教育訓練給付**など仕事に関するスキルアップを支援する制度という雇用に関する総合的機能を果たしている。

教育訓練給付制度は一般教育訓練給付金なら雇用保険に加入して原則3年以上の人（初回の場合は当面1年以上）が対象で、ハローワークで手続きを行う。対象になる講座は幅広いので、「受講したい講座や資格名（簿記、英会話など）＋教育訓練給付制度」で検索すると対象講座が出てくる。大手の通信教育講座も対象のことが多いから、「自宅で学べる通信講座なら何とか続けられるかも」（ASD特性が強い人に多い）という場合にも心強い。

一般教育訓練給付金の場合、教育訓練施設に支払った教育訓練経費の20%に相当する額が給付額となる。ただし、その額が10万円を超える場合は10万円とし、4000円を超えない場合は支給されない（例：5万円の講座なら1万円支給となる）。

準備する書類が多い上にハローワークへ直接出向く必要があるなど手続きが煩雑なので万人向けではないが、条件が合えば検討の価値があるだろう。

気持ちの整理の例

負	正
続けられるか…	まず3日やってみよう！
資格を取っても…	自分にとってOkならいい
上司に言われたけれど…	決めるのは自分。本当にやりたいかどうかが大切

スキルアップの必要性を考える

これまで挙げてきた具体例が今ひとつピンとこない場合は、頭ではスキルアップが必要だと理解していても、感情がついていかないことが理由だ。なかなかモチベーションが上がらないときは、今取り組もうとしている勉強に対して明るい未来を感じられないことが多い。つまり「勉強への負担」（負）のほうが「勉強で得られる成果」（正）よりも大きいと感じているのだ。そうだとしたら「勉強への負担」（負）よりも「勉強で得られる成果」（正）のほうが大きくなるような整理をしよう。

「勉強を続けられるか自信がない」「資格を取っても何も変わらなそう」「上司に言われたけれど、面倒」という負の感情があるときは、「未来の苦労を過剰に見積もっている」（ADHD特性が強い人に多い）「他人の評価に対して過剰に受け身になっている」（ASD特性が強い人に多い）場合が多い。前者なら少し目標を下げてみる、後者なら自分にとってどうなのかを問いかける必要がある。

特に何かとダメ出しをしがちな人（ASD特性が強い人に多い）は、完璧を求めるあまり**自分で自分の可能性をつぶしていないかを点検してみよう**。

Column

働くための法律を知ろう

この章では法律や制度について触れていることが多いが、中にははじめて知ったものもあったかもしれない。人によっては、「こんなに労働者が守られるための法律や制度があるのに、なぜこんなに大切なことが知られていないの？」と疑問に感じた人（ASD特性が強い人に多い）もいるだろう。

確かに日本では法律があっても実際には法律通りに運用しきれていないこともあってか、結果として労働者が泣き寝入りしているのをしばしば見聞きする。これには私たちが法律や契約についてきちんと学ぶ経験が少なかったことや、「お上の言うことは正しい」「目上の立場の人を尊重するように」という慣習的な不文律（いわゆる暗黙の了解）が幅を利かせる社会で暮らしていることが理由として考えられる。

そのため、「法律を守ってください！」と訴えるとかえって「自己主張が激しい面倒な人」となり、黙って去るのが潔いという結果になりがちだ。特に字義通りに話を進めがちな人（ASD特性が強い人に多い）はこれで敬遠されてしまう。相談機関などを活用しながら段階を踏んで法律に基づいた待遇改善を要求する、あるいは退職時に本来払われるべき諸費用を請求する、といった法律に基づいた行動を取ろう。

働くための法律で最初に知っておくべきなのは労働基準法だ。これは労働者が働くための最低基準を定めた法律であり、この基準に達していない労働契約は効力がないとされている。さらに労働契約については労働契約法も大切な法律だ。

難解な法律用語が多いから長い文章を読むのが苦手（ディスレクシア特性が強い人に多い）、文章の細かいところまで丁寧に読み込むのが苦手（ADHD特性が強い人に多い）だと原文のまま読むのは負担が大きいから、まずは最新版の入門書や中高生向けの参考書を買って読んでみるといい。

労働関係の法律は改定も多いから厚生労働省および新聞やテレビのニュースサイト、そして専門家の紹介記事を定期的にチェックすることも大切だ。インターネットで検索するとさまざまな情報が出てくるが、中には正確とは言い難いものもある。信頼性の高い情報から確認するよう心がけよう。

ニュースなどで取り上げられた際にも「自分にどんな関係があるのか？」と当事者意識を持って法律や制度を眺めてみると今までとはニュースの捉え方が変わってくるはずだ。

そして、普段からやっておくといいのは、ノートや手帳などに仕事内容や勤務時間（出社と退社の時刻）の記録を取ることだ。紙での記録が苦手ならTogglというタイムスタンプがあるアプリを利用しよう。法律や制度を利用する際には客観的な事実や証拠を重視するから時間の使い方を確認するためにも活用するといい。感覚的な情報を適切に伝えるのが苦手なので、その場での会話だけだと冷静な説明ができずに感情的になる（ADHD特性が強い人に多い）、もしくは必要以上に感情を抑えすぎて状況がうまく伝わらない（ASD特性が強い人に多い）、といった事態を避ける上でも記録しておくことは役に立つ。

また、法律や制度を利用するばかりでなく、法律の不備を改正するよう努力する人および法律や制度をサポートしている人たちを応援することも重要だ。先に述べたような「理不尽なことをされたら黙って去るのが大人の振る舞い」という価値観や不文律を、「安心して働けるために声を上げて法律や制度を改正しよう」としていくことも法律や制度が定着するためには必要だ。

第3章

使うときの「困った」を解決したい

お金の現実的な配分を決定する

本章では日常生活で起こりがちなお金の問題について取り上げる。発達障害の特性があるとミスを生じやすい内容だが、スマホアプリなど便利な道具を活用しよう。

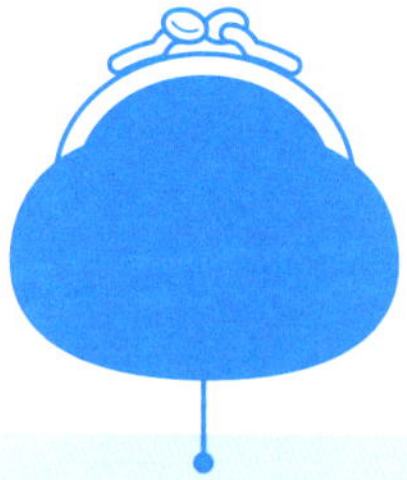

引落しや払込みを忘れる

対策

- ペイジー決済やクレジットカード払いを利用する
- 生活費の動きをチェックしやすい体制にしておく

事例　払わないといけないのだが、行動に結びつかない

昼休みに昼食を終えて自分の席に戻ったら、ふと机の上に置いてある払込用紙が目にとまった。
「あ、自動車税を払わないといけないんだった。そういえばこれ、いつまでに払うんだっけ？」と締切日を見たら今日まで！
「そうだ……。お昼を食べに外へ行くついでに郵便局へ寄って払おうと思って机の上に出したのに……」と思わず頭を抱えてしまった。

昼休みはもう終わってしまうし、今日は夕方から仕事関係の予定が入っているから払いに行く時間がない。

事情を知った同僚が「今日までならコンビニでも払えるよ」と教えてくれたが、忘れずに払える自信がない。

以前も同じようなことがあったし、クレジットカードの引落しも残高不足で引き落とせず、後日気づいて慌ててカード会社へ連絡して送金したことがあった。

気づくとハッとするし、「支払わないと！」と頭では思うのだが、なかなか行動に結びつかない。

大半の人が難なくこなしていることが、どうして自分にはできないのだろう。

原因　払込みの行動計画が不正確

ADHDの傾向が強い人には**忘れっぽい**という特性があり、冷静になれば「どうしてそこで忘れるの？」というときでもうっかりミスをしてしまいがちだ。忘れないよう目立つところへ払込用紙を置いておいても他のことに気を取られていると見落としやすいので、もう一歩踏み込んだ対策が必要だ。

　また、**時間の感覚が弱い**ため、日付や時間を見て「あと○日（○時間）」と残り時間を見積もることができず、余裕があるうちに対応せずについ先延ばしにしがちな特性もある。

　一方ASDの傾向が強いと、普段やっていることなら大丈夫だが、自動車税のように1年に一度といった**頻度が少ない払込みだとパターンが違うため忘れてしまう**ことがある。

　また、落ち着いていればコンビニでも払込みができるから慌てなくてもいいとわかっていても、普段食料品しか買ったことがない店だとそのことに気づかず、「郵便局へ行く時間がない！」と慌ててしまうこともある。最近は銀行や郵便局の窓口以外にも支払いができる方法が増えているから、自分が使いやすい方法を検討して試してみてもいいだろう。

解決法　ペイジー決済やクレジットカード払いを利用する

　外出ついでに郵便局や銀行、コンビニで支払うのもいいが、そうなると、

- 払込用紙を準備する
- 財布やカバンの中に忘れずにしまう
- 支払場所へ忘れずに行く
- お金を準備する（電子マネーにチャージする）

　といったやらなければならないことが多くなる。項目が多くなるほどうっかりミスをする可能性が増えるから、習慣づけられる自信がなければ確実に払えるやり方を選択しよう。

　自動車税はネットバンキングやクレジットカードでも支払えることが多いので落ち着いてできる状況（自宅など）で払うほうがミスを減らせるし、わざわざお金を準備する手間も省ける。店員や他の客に急かされることもないから自分のペースで行動できる。

　払込用紙が**ペイジー決済**（https://www.pay-easy.jp/howto/index.html）に

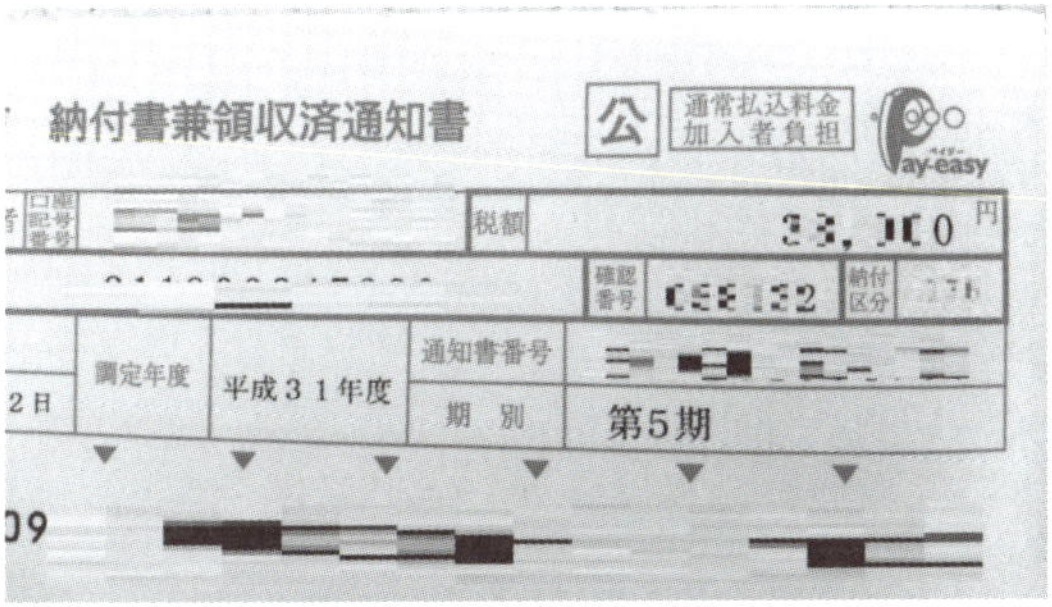

ペイジー対応払込票

対応しているなら払込用紙に書いてある番号を入れれば代金なども自動で表示され、手数料も無料だ。対応している地方自治体が徐々に増えてきているので、自分が住んでいる自治体が対応していたら検討してもいいだろう。

「ポイント還元率が高いクレジットカードを使っているから多少手数料がかかってもクレジットカード決済で払いたい」という人は**Yahoo! 公金支払い**（https://koukin.yahoo.co.jp/brief）などを検討しよう。こちらも対応している自治体が増加している。

国税は国税クレジットカードお支払いサイト（https://kokuzei.noufu.jp/）、東京都民は都税クレジットカードお支払いサイト（https://zei.metro.tokyo.lg.jp/#innerlink1）からも支払うことができる。

自分が住んでいる自治体が対応しているか不明なら、払込用紙を確認するか、「住んでいる自治体名＋税金＋ペイジー」「住んでいる自治体名＋税金＋クレジットカード」で検索してみよう。

できるだけ負担を減らす方法に変更する

残念ながらペイジーやYahoo!公金支払いなどを利用できない地域に住んでいる場合や、車検などで支払った日時入りの払込証明書が必要な場合にはネット経由で支払うのは難しい。そうはいっても平日働いている場合、昼休みに銀行や郵便局の窓口へ並ぶのも面倒だ。

実は銀行もしくは郵便局の窓口しか受け付けてもらえない払込みは意外と少なく、大半の場合は郵便局の払込用紙対応のATMもしくは収納代行サービス対応の店舗（コンビニなど）でも支払うことができる。払込用紙が3連式のものなら郵便局のATMもしくは収納代行サービスを活用しよう。

コンビニにはあまり行かない人は、スーパーやドラッグストアでも収納代行サービスを行っている店舗が増えているのでそちらを利用するといい。買い物のついでに公共料金を支払えるし、最近はスーパーにも銀行ATMが設置されていることが多いから手持ちの現金が足りなくてもすぐに引き出して支払えるのは便利だ。

それも面倒ならこれを機会にできるだけ口座振替や自動引落しに切り替える手続きをするといいだろう。

とにかく税金や社会保険料といった優先順位が高い支払いや固定費（家賃、電気、水道、ガス、電話代）などはできるだけ口座振替もしくはクレジットカードへ支払い方法をまとめ、**生活費の動きをチェックしやすい体制**にしておけば家計を見直す際も手間が省ける。

支払い方法にはさまざまな種類がある

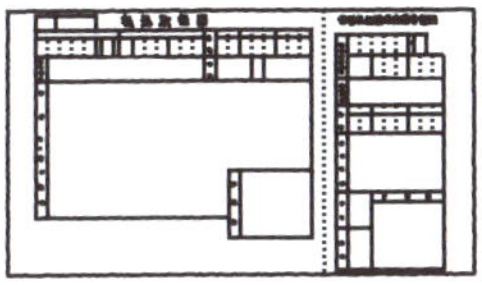

ペイジー決済

Yahoo!公金支払い

国税クレジットカード
お支払いサイト

銀行や郵便局の窓口

コンビニ支払い

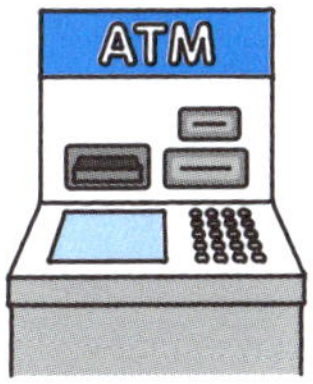

払込用紙対応のATM

スーパーやドラッグストア
での支払い

クレジットカード

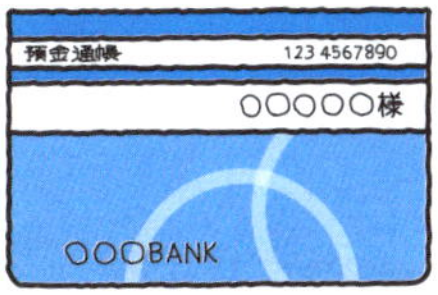

口座引落し

生活費が赤字になってしまう

対策

- 大雑把でよいので出費の枠を決める
- 使用額と残金を視覚化する
- 自分の買い物傾向を把握する

事例　そんなに使っているつもりはないのだが……

「そろそろ財布の中の現金が少なくなってきたから、引き出さないと」とATMへ行ってお金を引き出し、明細を見たところ給料日前だからか、残高が数千円しかない。

「ええ？　いつの間にこんなに減っているの!?」と思わず二度見してしまったが、確かに間違いない。帰宅後ネットバンキングにログインして履歴を調べたら、以前よりも支出が増えてここ1年ほどは毎月赤字で、ボーナスで補填して何とかなっている状況だった。

以前は「いざというときのために」とボーナス分を定期預金に回せていたのに、「貯金があるから大丈夫」とつい気が大きくなっていたのを反省したが、そんなに使っているつもりがなかったから赤字なのに気づいていなかった。

予算を組んで生活すればいいのだろうが、以前無理な予算を組んで挫折したこともあり、うまく予算を組める自信がない。何かいい方法はないだろうか。

原因　現実的な支出の目安と予算が組めていない

働き始めた頃は「ちゃんと貯金するぞ」「計画的に予算を立てて暮らすぞ」と思っていても、日々の暮らしの中で少しずつ「このくらいならいいかな」と計画外のプチ贅沢をしてしまうことは誰にでもあるだろう。しかし、1回の出費は少額でも積み重なればそれなりの額になる。

「そんなに使っているつもりでは

ないのに……」と思う人は、まずこの手の**無意識の出費を見つけること**が大切だ。特にADHD傾向が強い人は**お金を使うことに快楽を覚えやすい特性**があるため、この手の出費が多くなりがちだ。

また、計算LD傾向が強い人は、**金額だけだとどのくらい使っている（残っている）のかイメージがつきづらく**、事例のように残高が数千円となってようやく事の深刻さに気づくこともある。自分にとってイメージしやすい予算（たとえば食費は外食費込みで1週間に1万円など）を決める、できるだけ現金で支払うといった対策をしていこう。

解決法　大雑把に予算を決める

予算を決めるにもいくつか方法があるが、貯金は収入の10～20％前後、家賃や住宅ローンは収入の30％以下が目安といわれている。それらを差し引いた残りで暮らしていくのだが、収入が少ない、あるいは家計が赤字の場合はまず**家計の黒字化**を目標にしよう。

ADHD傾向が強い人や計算LDの傾向が強い人は**大雑把な項目に分けて考える**ほうが向いていることが多い。たとえば、「食べる、暮らす、遊ぶ」「消費、投資、浪費」といったもので考えていこう。分け方は次のように考えるといい。

- 「食べる、暮らす、遊ぶ」→食べる（食費）、暮らす（食費以外の暮らしに必要な費用）、遊ぶ（習い事や趣味、交際費）
- 「消費、投資、浪費」→消費（日々の暮らしに必要なもので、先の食べる、暮らすにあたるもの）、投資（キャリアアップや生活を楽しむもの）、浪費（買ったけど使っていない、買わなくてもよかったと後悔したもの）

割合は「食べる、暮らす、遊ぶ」ならそれぞれ25％、50％、25％、「消費、投資、浪費」の場合70％、20％、10％を目安に考えていこう。慣れてきたら貯蓄へ回す分を「遊ぶ」「浪費」で減らせそうな支出から回せればしめたものだ。

ASD傾向が強い人は曖昧さがないほうが続けやすいので、婦人之友社の家計簿や家計簿アプリの費目を参考に項目を立てるといいだろう。簿記の知識があって会社で使っているような費目と同じほうがわかりやすい人はそれを利用

「食べる、暮らす、遊ぶ」の場合

「消費、投資、浪費」の場合

手取り18万円の予算の例

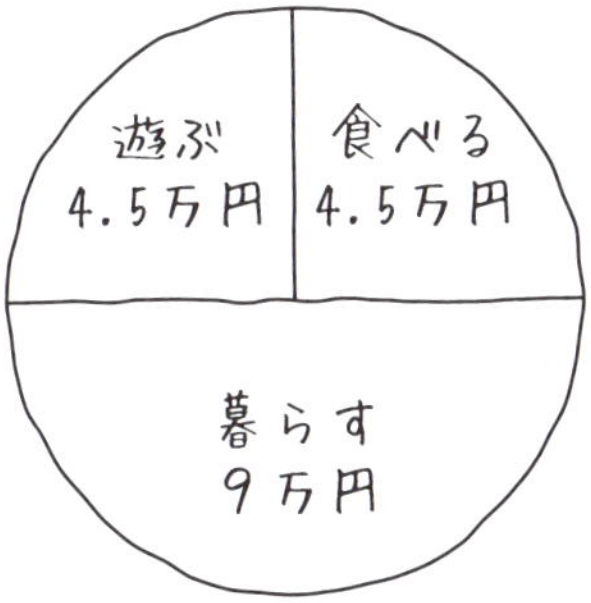

食べる、暮らす、遊ぶの場合

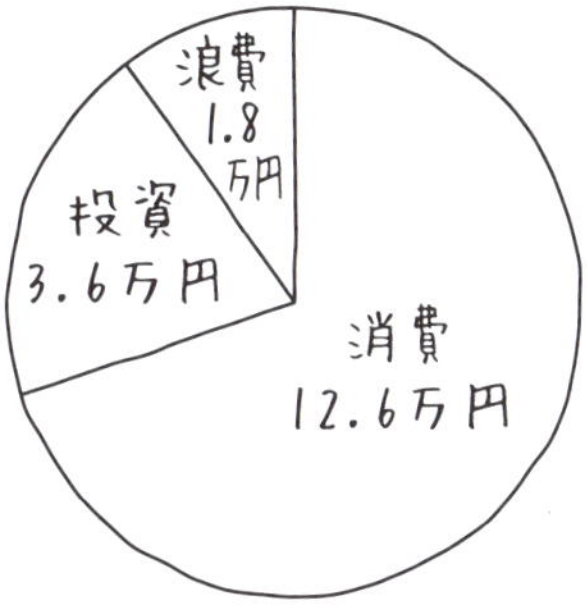

消費、投資、浪費の場合

してもいい。

筆者は費目が細かいほうが見直すときにわかりやすいので、10年ほど前から婦人之友社の家計簿の基本費目を参考にして予算を組み、前年の実績をもとに毎年1月に予算を見直している。

それまでの家計簿では単なる収支の記録に留まっていて「もう少し貯金できるはずなのに……」と悩んでいたが、予算を組んで集計するようになったことで一気に貯金が増えた。お金を使う際の目安や見通しが立ったことで漠然とお金を使うことが減り、本当に欲しいものへと支出を集中させたことでむしろ満足感は上がった。

最初のうちは「思うように買い物ができないなんて！」とストレスがたまるかもしれないが、漠然とした使途不明金を減らすためにも、まず出費の枠を決めよう。

使用額と残金を視覚化する

家計管理の本を見ると、**いくつかの封筒などに小分けする**方法がよく紹介されているが、これは「あといくら残っているか」を視覚化できるので計算LDやADHDの傾向が強い人に向いている。今は１００円ショップやスーパー、無印良品などでも使い勝手のいいファスナー式のものが販売されているので、探してみるといいだろう。月の予算別だと金額がまとまっているため、つい気が大きくなって最初に使いがちな人は、週ごとといった区切りのいい期間で分けておこう。

「クレジットカードや電子マネーで支払うことが多い」場合、お金を支払っている感覚が低下しがちで、予算オーバーになりやすい。予算枠の目安がわかるまでは公共料金などの固定費や交通費以外はできるだけ現金で支払うようにしよう。ネットでの買い物が多い人はネット用予算をあらかじめプリペイドタイプのカードにチャージし、その分現金の予算から差し引いておけばいいだろう。

「このお店はカードで払うとポイントがつくし、クーポンが利用できるからお得なんだけど……」と思うかもしれないが、お得だからと先に述べたようなプチ贅沢に走る原因になり、結局予算オーバーになっていることが多い。利用する場合でもお得なのは気分だけになっていないか、クーポンがなくても買うのか、とかごに入れる前に自問自答してみよう。

袋分けは予想以上にお金が減っているのを実感することで利用額を意識する、財布やカードの残金を確認する習慣を身につけることが目的なので、家計簿の数字で見たほうがいい人（ASD傾向が強い人に多い）は読者特典として提供している**家計簿集計シート**のように毎月の利用状況を確認しよう。

漠然とした出費が発生する理由を考える

家計簿集計シートを見ると、「意外と『遊ぶ』や『浪費』の予算が多いな」と感じた人もいるだろう。ところが、実際に予算を組んでお金を使ってみると、最初は「投資」のつもりで始めた習い事でもなかなか通えなくて「浪費」になっていたり、何となくブランドやネットの口コミなどに惹かれて購入したものの、自分には合わなかったものが出てくる。お金を使う前にわかればいいが、買ってみないとわからないのもまた事実だ。

そのような出費をたどっていくと浮かび上がってくるのは「**自分の買い物傾向をよく理解していないこと**」だ。この手の出費が増えるのはたいていの場合、

- 疲れているとき
- ストレスがたまっているとき
- 人間関係にトラブルが生じているとき
- 自分の能力を過信して失敗したとき

といった「自分の思い通りにならない出来事」に対して不平不満を感じているときだ。「そんなの誰にでもあるじゃないか」と思うかもしれないが、発達障害の人の場合、交渉や妥協といった周囲との調整が苦手という特性からか、思い通りにならないことへのストレスを人一倍強く感じやすい。「まあ、これじゃなくてもいいか」「また今度ね」といった他へ注意を移す、うまく見切りをつけて諦める、といった切り替えが難しいこともあり、いつまでも負の感情

が自分の中でくすぶってしまう。

　そのため、「思い通りにしたい！」というこだわり（ASD傾向が強い人に多い）や「今すぐやりたい！」（ADHD傾向が強い人に多い）という衝動を抑制されることに対してストレスがたまると、それを解消する方法として買い物という手段に出るのだ。

　よほどの買い物嫌いなら別だが、買い物をしているとき、大半の人はワクワクしてそのときは嫌な気持ちを忘れられる。おまけに「がんばっている自分」にご褒美を与えることになる。しかし、それが重なれば当然出費がかさみ、お金がないことが新たなストレスになってしまう。

　だからといって、ストレス解消のための出費をゼロにすると、人によっては反動で浪費につながってしまうこともあるので、収入の5～10％前後を目安に収まるように心がけよう。そして、家計の見直しと同時に自分が思い通りにならないときの負の感情との折り合いの付け方や満足する計画の立て方を学ぶことも必要だ。

家計簿集計の例

合計 / 金額（円）	集　計		
月	1	2	総　計
収入	205,000	205,000	410,000
食べる	-26,709	-23,022	-49,731
暮らす	-115,938	-102,286	-218,224
遊ぶ	-21,062	-21,866	-42,928
総計	41,291	57,826	99,117

予算	食べる	35,000
	暮らす	105,000
	遊ぶ	30,000
	貯金	35,000
	合計	205,000

※できるだけ毎月の収入内で暮らす
※ボーナスはなるべく定期預金へ

合計 / 金額（円）	集　計		
月	1	2	総　計
収入	205,000	205,000	410,000
消費	-140,485	-119,346	-259,831
投資	-17,444	-17,266	-34,710
浪費	-5,780	-10,562	-16,342
総計	41,291	57,826	99,117

予算	消費	140,000
	投資	20,000
	浪費	10,000
	貯金	35,000
	合計	205,000

※ボーナスはできるだけ定期貯金に回す。緊急用資金はB銀行に貯める

家計簿が続かない

対策

- 家計簿アプリを利用する
- エクセルで家計簿を作成・集計する
- 貯金簿で状況を把握する

事例 つけたほうがいいとは思うのだが……

久しぶりに会った友人と食事をしていたら、友人が「少し前から家計簿をつけるようにしたら、余計な買い物をしていたことがわかり、その分の費用を節約できるようになったよ。今では家計簿をつけるのも楽しくなってきたの」と言われた。

確かに続けられるといいと思うし、実は何度か試しに書店で家計簿を買ったり家計簿アプリをインストールしたりしたこともあったが、結局続けられずに挫折している。

友人は「アプリだとスマホからパパッと入力できていいよ」と言うが、それでもうっかり忘れてしまうことが多く、結局何にいくら使ったかわからなくなり、そのままになってしまっていた。

現状把握に家計簿がいいとは頭ではわかるが、とにかく続けられない。虫がいいかもしれないが家計簿をつけなくても家計を把握するいい方法はないだろうか。

原因 自分に合う家計管理法がわからない

家計簿をつける理由は、状況把握には詳細な記録があるのが理想だからだ。調査結果などでもデータの集め方で正確性への疑問を指摘されるケースがあるが、収支についても一定期間の詳細な記録があれば正確な状況がわかり、今後の対策を立てやすくなる。

しかし、レシートを保管したり、ずっと記録をつけ続けたりす

るのは面倒と思うのが正直なところだろう。家計簿アプリが登場したことで、紙でつけるよりもだいぶハードルが下がったが、**効果が出てくるまでには数カ月間かかり、その期間を我慢して続けられない**ことが発達障害の人の場合には多いだろう（特にADHD傾向が強い人や計算LDの傾向が強い人）。

どうしても家計簿アプリでの記録が難しい人は、69ページでも紹介したように、普段はできるだけ支出を視覚化して減っている状況を把握しやすくしておき、毎月末日にいくら残っているかを記録する、といったより続けやすい方法を試すことも考えてみよう。

解決法 家計簿アプリを利用する

スマホの家計簿アプリはかなり便利だ。銀行やクレジットカードと連携すれば履歴が自動的に記入

お勧めの家計簿アプリ

アプリ	特　徴
Zaim	・650万人以上が節約・貯金に役立てている日本最大級の無料オンライン家計簿 ・費目をカスタマイズしやすい ・スマホカメラのレシート入力が優秀 ・Evernoteと連携してバックアップが取れる
Moneytree	・銀行、クレジットカード、電子マネー、ポイント、証券を一元管理できる ・画面がシンプルで見やすい ・基本機能は無料で使える
マネーフォワード	・銀行やカードで使ったお金は食費や光熱費など自動で分類 ・連携している銀行が最多で、複数の口座残高や利用明細を一括管理できる ・有料版には残高不足を通知してくれるお知らせ機能がある ・似た状況の人の実績を参考にしやすい

されるし、カード型の電子マネーも履歴を読み込めるものもある。初心者でも利用しやすいのは**Zaim、Moneytree、マネーフォワード**あたりだろう。

カード型など交通系ICカードのSuicaやPASMOをよく利用している人はスマホやタブレットからNFCを使って利用履歴を読み取ってくれるアプリがあるZaimやマネーフォワードが便利だ。

現金の収支だけは自分で記入しないといけないが、レシート読み込み機能を使えばかなり記入の手間が省けるから試しに使ってみるといいだろう。

自信がない人はまず1週間を目標に続けてみよう。家計簿アプリは次に述べる貯金簿を利用するのにも便利なので、集計のために利用したい人は無料でも口座数の制限がないZaimやMoneytreeを使うといいだろう。

項目の設定は76ページを参考にするといいだろう。デフォルトの項目を削除するのは不可能なことが多いが、非表示にする（Zaim）、中項目へ追加する（マネーフォワード）、サブカテゴリへ追加する（Moneytree）といった対応でカバーできる。

エクセルで家計簿を作成・集計する

そこそこエクセルを使いこなせる、CSVでのインポート／エクスポート機能でのデータのやり取りに慣れている、といった人は**エクセルでシンプルな家計簿を作ってもいいだろう**。

検索すると自作のエクセル家計簿を公開している人も多く、中には「家計簿アプリは合わなかったけれど、エクセル家計簿なら続いている」人もいる。筆者は夫にも入力しやすい環境を作るためもあって家計簿アプリを利用しているが、集計だけはデータをCSVエクスポートしてエクセルを利用している。

エクセル家計簿のメリットは費目を自分でカスタマイズできるから、費目設定に悩む（ASD傾向が強い人に多い）心配がないこと、エクセルの関数機能を使えば数字を入れるだけで勝手に集計してくれること、ピボットテーブル機能で自分好みの集計表を作れることが挙げられる。「どうせエクセルで集計するのなら、最初から慣れているエクセルに入力したほうが合理的」と思うのなら検討してもいいだろう。

銀行やクレジットカードの利用履歴もホームページからCSVデータでダウンロードできるため、エクセルで開いて履歴をコピーして貼り付けていけば、いちいち数字を入れる必要もないし、現金や交通費などICカードの利用履歴だけスマホアプリ（メモ帳などでも

エクセル家計簿の例

日　付	月	日	内　容	金額(円)	口　座	項　目
2019/1/1	1	1	新聞	-980	Vカード	暮らす
2019/1/1	1	1	賽銭	-100	財布	遊ぶ
2019/1/1	1	1	お年玉(姪と甥)	-5,000	財布	暮らす
2019/1/1	1	1	交通費	1,200	Suica	暮らす
2019/1/2	1	2	スーパー	-1,896	Vカード	食べる
2019/1/2	1	2	雑誌	-880	Vカード	遊ぶ
2019/1/4	1	4	Z生命	-2,177	Vカード	暮らす
2019/1/4	1	4	コンビニ(昼食)	-450	Suica	食べる
2019/1/4	1	4	定期	-13,470	Cカード	暮らす
2019/1/6	1	6	Dショップ	-432	財布	暮らす
2019/1/6	1	6	スーパー	-2,716	Vカード	暮らす
2019/1/6	1	6	八百屋	-552	財布	食べる
2019/1/7	1	7	昼食	-850	Vカード	食べる
2019/1/8	1	8	カフェ	-350	Suica	遊ぶ
2019/1/8	1	8	交通費	-432	Suica	遊ぶ
2019/1/9	1	9	コンビニ(昼食)	-470	Suica	食べる
2019/1/10	1	10	昼食	-700	Vカード	食べる
2019/1/11	1	11	コンビニ(昼食)	-420	Suica	食べる
2019/1/11	1	11	ドラッグストア	-1,048	プリペイド	暮らす
2019/1/13	1	13	◯天通販	-3,800	Vカード	遊ぶ
2019/1/14	1	14	スーパー	-4,935	Vカード	食べる
2019/1/14	1	14	スーパー	-1,425	Vカード	暮らす
2019/1/15	1	15	給与	205,000	A銀行	収入
2019/1/15	1	15	昼食	-750	Vカード	食べる
2019/1/16	1	16	コンビニ(昼食)	-470	Suica	食べる
2019/1/16	1	16	ジム会費	-7,500	Vカード	遊ぶ
2019/1/17	1	17	コンビニ(昼食)	-530	Suica	食べる
2019/1/18	1	18	Eデパート(洋服)	-13,000	Vカード	暮らす
2019/1/18	1	18	昼食	-750	Vカード	食べる
2019/1/18	1	18	友人と飲み会	-5,000	財布	遊ぶ
2019/1/19	1	19	病院	-1,390	財布	暮らす
2019/1/19	1	19	薬局	-1,600	Vカード	暮らす
2019/1/20	1	20	スーパー	-3,735	Vカード	食べる
2019/1/20	1	20	八百屋	-358	財布	食べる

貯金簿（残高推移表）の例

項　目	合計 / 1月	合計 / 2月
現金	23,552	22,512
電子マネー	4,331	4,525
預金	708,223	709,514
ポイント	1,290	1,725
固定資本	800,000	800,000
負債	-143,252	-145,062
純資産	1,394,144	1,393,214

可）で入力し、メールやCSVエクスポート機能などを利用してまとめて転記すればつけ忘れも防止できる。

貯金簿で状況を把握する

家計簿がどうしても続かない人（ADHDや計算LDの傾向が強い人に多い）の場合、数字を記入するのが困難なことに加え、「自由にお金が使えない」ストレス（ADHD傾向が強い人に多い）や、「こんなに無駄遣いしている」というプレッシャー（ASD傾向が強い人に多い）に耐えられずにやめてしまうことがある。

このような場合は細かいお金の動きに一喜一憂してしまうため、本来の目的である「今月残高が減っているから、年末の車検に向けて引き締めていこう」といったお金の状況や今後の見通しを立てられなくなっているのだ。

そんな人は家計簿の代わりに**貯金簿**でお金の動きを把握しよう。月1回決まった日（筆者は毎月末日の夜と決めている）に現金、電子マネー、預金（普通預金などすぐに引き出せるもの）、固定資本（貯蓄タイプの保険など満期が1年以上先のもの）、負債（ローンやクレジットカード利用額など）の合計額を記入する。その際にできたらポイントも入れておくと、貯まったポイントを使う気にもなりやすい。

現金以外は家計簿アプリの口座にある数字をどんどん入れていけば（もしくは数字をコピペすれば）いいから、毎日家計簿アプリを入力するよりは負担が少なくなるはずだ。

忘れてしまいがちな人（特にADHD傾向が強い人）はタスクリストやスケジュールのアプリに予定として入れておき、アラームが鳴るよう設定しておこう。

実はこの貯金簿は家計簿をつけている人にもメリットが大きい。家計簿を漠然とつけているだけだと予算や利用状況に注意が向きがちで、全体の資産状況を把握しづらい。家計簿をつけている人は2、3カ月に1回でもいいので、順調に残高が増えているかを貯金簿で確認しよう。

Column

電子マネーや仮想通貨

このところニュースで電子マネーや仮想通貨について話題に取り上げられることが増えた。関心がない人や利用していない人も多いかもしれないが、最近はクレジットカードなどのポイントを電子マネーにチャージしたり仮想通貨に交換できたりするサービスも登場してきたから、以前よりも利用するハードルが下がり、不安視する人も減ってきた印象がある。

大半の人にとって一番身近なものは交通系ICカード（SuicaやPASMO、ICOCAなど）だろう。首都圏では交通系ICカードで電車やバスに乗ると1円単位で運賃が引かれ、多くの場合現金払いよりも安くなる。

交通機関以外でも自動販売機やコンビニなどでの少額決済でもわざわざ財布から小銭を出さなくてもいいから、この手の話題にはほとんど関心を示さない筆者の夫も「アプリを使えば履歴を簡単に記録できるし便利」とSuicaを愛用している。

電子マネーを使いこなしている人たちの間では、税金を払えたりギフトカードを買えたりするタイプのものが人気だ。クレジットカードからチャージした電子マネーで支払うとクレジットカードのポイントがつく場合は現金や口座引落しよりもお得になるため、熱心に情報を集める人も多い。

特定のお店で買い物をすると優待サービスが利用できるからよく行くお店で利用できる電子マネーは持っていてもいいだろう。ただし、電子マネーを利用する際にはいくつか注意点がある。

一番の注意点は現金を実際に触らず金額だけで確認するため、「これだけ支払った」という実感を伴いづらいことだ。気軽に買い物ができる分、不要品も買いやすい。慣れるまでは現金でチャージする、適宜履歴や残高を確認する（NFC対応スマートフォンやタブレットがあればアプリへの記録も可能）、家計簿にこまめに記入する、交通費や税金、割引日の支出など必ず支払うものや必要分だけ利用するといった対策が必要だ。

一方、仮想通貨は暗号資産ともいわれており、現金やポイントなどと交換（取引）して入手する。「仮想」といわれるだけあって現金のような実体はなく、その意味では電子マネーに似ている。取引はブロックチェーンという暗号技術を用いた仕組みで記録・管理され、簡単に偽造されたり盗まれたりしないよう対策が施されている。

異なるのは、電子マネーは円など一般的な通貨を基準にし、特定のお店や交通機関で消費することが目的だが、仮想通貨は独自の通貨として成立し、その価値の上げ下げが投機の対象になっていることだ。

おそらく多くの人が仮想通貨を知ったのは2014年のマウントゴックス社のビットコイン流出と倒産、そして2018年1月のコインチェック社からのNEM盗難事件だろう。億単位という流出額の大きさにも驚いたはずだ。

仮想通貨は各国の中央銀行が発行しているものではないからこそ、海外との取引にも手数料や面倒な手続きなく国をまたいでお金をやり取りできる。また、多くの人が仮想通貨に魅力を感じて購入すればその価値が短期間で高騰する。うまく利用すれば株式や為替取引よりもはるかに多額の利益を得ることが可能だ。

しかし、多額の利益は裏を返せば多額の損失を招く場合もある。お金を使うために大切なことは利便性とその通貨への信頼だ。

価値が乱高下するのは、できたばかりでまだ制度や仮想通貨への信頼が不安定（流動性が大きい）だからだ。筆者はその仕組みや利便性などについては今後どうなるか興味があるが、自分自身が仮想通貨を利用するにはもっと信頼できるような状態になってからでも遅くない、と考えている。

衝動買いをしてしまう

対策

- 趣味の場所、時間、予算の上限を決める
- 改めて何のための趣味なのか目的を考えてみる

事例　ほどほどにとは思っているのだが……

趣味のサークルは友人たちとお互い買い集めたコレクションを持ち寄り、心ゆくまで語り合える楽しい場所だ。

趣味のことを普段なかなか話せないから、これからも交流を続けたいが、そこで新商品や限定品の情報を聞くとつい「負けていられない！」「絶対買わねば！」と熱くなって買ってしまう。

寝室は布団を敷くスペース以外はほぼ買ったもので埋まっているし、将来のことを考えると「もっと貯金しないと」と思うのだが、買ったものを見せてお互い「すごい！」「素晴らしいね！」と褒め合ったり、友人たちの情報やセンスに感心したりするといった心地よさが減ってしまうと思うと人生の楽しみの大半がなくなるような気持ちになる。

サークルの人たちは「お金ないよー」と言いながらも工夫しているようなので、折を見て話を聞いているが、「普段は節約して暮らしているんだよー」と漠然とした答えばかりで要領を得ない。どうやったら貯金しながら趣味を楽しめるのだろうか。

原因　生活費と趣味費のバランスが崩れている

趣味があることは生活に潤いを与えてくれるし、人生の楽しみにもつながる。何より「好きなものを買うためにがんばる！」という労働意欲にもなる。好きなことが仕事につながるケースもあるか

ら、「好きなことがある」のはとても幸せなことだと筆者も思う。

　好きなものに囲まれて生活したい、持っているお金で好きなものを思い切り買いたい、という願望を抱いたことがある人も多いだろう。

　そうはいっても三次元空間での暮らしはさまざまな制約があるのも事実だ。私たちが肉体を持って生きている以上、衣食住に一定の費用をかける必要がある。

　大半のケースでは好きなことにお金を使いつつも「これ以上のめり込むと生活が危ない」というラインを感覚的に察知しており、それ以上踏み込まないようリミッター（制御装置）のようなものが働く。ところが、発達障害の人の場合、このリミッターを持っていない、あるいは持っていても適切に働きにくいケースが多く、頭ではまずいと思いつつなかなか止められない状況に陥りがちだ。


　ADHD傾向が強い人は好きなものに対してはとことん集中してしまい、つい食事や入浴、洗濯といった**日々の暮らしに必要な行動を忘れたり、「好きなことのためなら」と犠牲にしたりしがち**だ。

　また、ASD傾向が強い人の場合、他人の目を気にしない特性や状況を捉えにくい特性もあってか、もともと**整容（身だしなみを整える、健康維持（衛生を保つ、バランスの取れた食事をする、疲れたら眠る））の感覚が育ちにくい**面がある。

　いずれの場合もそれで体調を崩したら元も子もないから、感覚でわかりにくい面をカバーするため、環境でまず制限をかけていく必要がある。

　自然には抑えるのが難しいのだから、目に見える形で「このままだとまずい！」という目安を作って歯止めをかける、衝動買いしてしまう理由を探って改善策を講じるといった対策をしていこう。

解決法　趣味の場所、時間、予算の上限を決める

　個人的には生活が維持できているのなら、先に述べたような予算割合が多少崩れていても構わないと思うが、「趣味のものが棚からあふれてきた」「趣味にお金を回したいから食事や洗濯、入浴の回数を減らし始めた」「趣味に使いすぎて家賃や電気代を滞納してしまった」といった状況になってきたら要注意だ。

　事例でも布団を敷くスペースにまでものがあふれそうになっているようだから、「場所が限界」というサインが出てきている。これ以上買う前に手元にあるものを整理して場所を確保する、友人に譲る、趣味の時間を決める（ネットサーフィンを控える、サークルへ行く回数を少し減らすなど）、限定品でも予算

行動・習慣の要注意チェックリスト

	最近の状況	場所	金銭	健康	清潔	ルール・マナー
片づけをしない		☐			☐	☐
掃除回数が減る		☐			☐	
ゴミ捨てを忘れる		☐			☐	☐
ものが棚や床にあふれる	✓	☑	☑		☑	
寝るスペースが減った	✓	☑		☑	☑	
季節に合う服を用意しない			☐	☐		☐
洗濯の回数が減った				☐	☐	☐
体を毎日洗わない				☐	☐	☐
歯を毎日磨かない				☐	☐	☐
洗顔、洗髪の頻度が減った				☐	☐	☐
食生活が偏る				☐		
睡眠時間が減る				☐		☐
夜更かしをしてしまう	✓			☑		☑
運動習慣がない				☐		
生活費が赤字になる	✓		☑	☑		☑
電気代などを滞納する			☐	☐	☐	☐
必需品にお金を使うのが惜しい			☐	☐	☐	☐
「今買わねば！」と焦る	✓		☑	☑		☑
合計		2	3	4	2	3
割合（%）		40%	50%	29%	18%	23%

※各項目の中でチェックがついた数が該当項目の３分の１を超えている場合は要注意。上の場合、「場所」と「金銭」の項目が該当し、そろそろ「健康」にも影響が及びそうなので、今のうちに対策を立てたいところ

オーバーなら見送る、といった見直しが必要だろう（チェックリスト参照）。

予算の決め方もつい好きなものだと、前節で紹介したざっくりと分ける方法では「浪費」や「遊ぶ」にあたるものでも「消費」「投資」もしくは「暮らす」の枠に紛れ込ませてしまいがちだ。多額の費用を使いがちな趣味がある場合は、他のものはざっくりでもいいので、**「趣味費」といった専用の枠を設けたほうがいくら使ったか明確になる**。

使うときも69ページでも述べたように、クレジットカードはやめ、予算枠を袋分けやプリペイドカードにチャージしてそこだけで収めるようにしよう。

趣味の目的を整理する

楽しむために始めたはずの趣味

や人付き合いがいつの間にか重荷になっていたり、「こんなはずじゃなかったのに……」と感じてしまったりすることは多かれ少なかれ誰にでもあるだろう。

事例でも新商品や限定品の情報を聞くと半ば義務感のように買ってしまっているが、もしかしたら最初は単に欲しいからと買っていたものが趣味のサークルで仲間と話すため、あるいは買い集めていることを仲間から「すごい！」と言われるためへと目的が変化したのかもしれないし、新商品や限定品を買うこと自体が目的になっている可能性もある。

発達障害の人はものへのこだわりが強いことが多く、気になったものを全部集めて比較・分析したい（ASD傾向が強い人に多い）、とにかく関心があるものを見たら手当たり次第自分の手元に置きたい（ADHD傾向が強い人に多い）、といったことになりやすい。

人付き合いについても発達障害の人は感情のやり取りが苦手だが事実や情報のやり取りは得意なので（特にASD傾向が強い人）、趣味の集まりについても「自分が好きなことに関する知識や情報をやり取りできる場が欲しい」となりがちだ。

だから知識や情報を常に入れていないと他者と付き合えない感覚に陥り、「何か伝えられるものがないとダメ」（ASD傾向が強い人に多い）といった極端な思考になりがちだ。また、「みんなに負けたくない！」「みんなの役に立ちたい！」（ADHD傾向が強い人に多い）という感情も抱きやすい。

発達障害当事者の多くは幼い頃から特性によるトラブルや失敗を経験してきたせいか、自己肯定感が低くなりがちだ。そのため、極端にマイペースな面と極端に他者の役に立とうとする面が混在し、何とか他者とつながろうと独特なルールや使命感を自分の中で作っていることがある。

このままではまずい、というのは自分の価値観やルールに行き詰まりや息苦しさを感じてきた証拠だろう。「本当に全部楽しめるのか？」「何のために自分はこれらを買い集めたのか？」「これは本当に自分がやりたいことなのか？」と**立ち止まって考える**時期にきたのかもしれない。

趣味の集まりでもさまざまな人がいるはずだから、「今後どんな風に趣味を楽しみながら年を取りたいのか？」と長く趣味を続けるための秘訣を探るつもりで少し年配の人を観察してみるといい。そんな人がいないようならサークルや趣味を変える、あえて一人になる時間を作るのも選択肢として視野に入れよう。

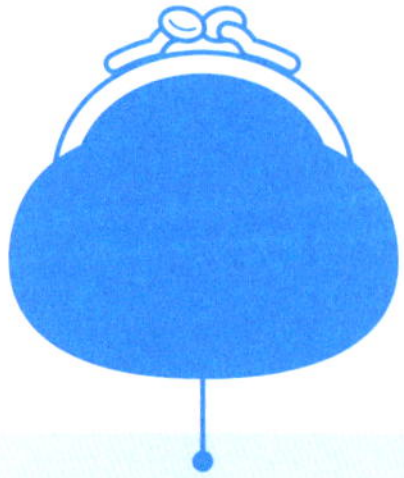

節約のポイントがわからない

対策

- 固定費の支出状況を確認・見直しをする
- 保険料などを一括で支払う
- プライベートブランドを活用する

事例 「節約しなくちゃ！」とは思うのだが……

最近愛用しているクラウドサービスが規約改正で自分が使っている状況だと有料になってしまった。便利なので使い続けたいと思うが、ちょうど他のアプリの有料サービスも値上がりした直後だったから、通知を読んだとき思わずため息が出た。

会社でも昼食で一緒になった同僚たちが「最近調味料やお菓子は値段が一緒なのにサイズが小さくなっている」「野菜も意外と高いのよね」「地味に家計に響く」「やっぱり節約しなくちゃ」という話題になり、思わずうなずきながら話を聞いてしまった。

今後税金や社会保険料も上がるだろうし、だからといって収入が急に増えるあてもない。もともと質素な暮らしをしているためか、自分なりに無駄なものを買わないようにしているし、そんなに贅沢しているとは思わない。

ネットやテレビではさまざまな節約術を紹介しているが、果たして自分に当てはまるか今ひとつわからなくて悩んでいる。他の人たちはいったいどうやって節約しているのだろうか。

原因 見直すべき固定費を確認していない

多くの人は「節約」というと「食費を削らなくちゃ！」「無駄なものを買わないようにしなくちゃ！」となるが、実はこの手の支出は節約効果に比べて「我慢しているのに……」とストレスを感じやすく、我慢の限界を超えると衝動買いなどへ向かって逆効果になる可能性がある。特にADHD傾向が強い人は特性上、我慢することが苦手なので要注意だ。

「じゃあ、どうすればいいの？」と思ったかもしれないが、このような場合、まず見直すのは、光熱費や通信費、各種保険やクレジットカード年会費などの**固定費**だ。「何気なく払っているお金」にこそ無駄がないか確認し、自分の暮らしに合うものへ変更したほうが満足感はあるし、節約効果も期待できる。「無理せず節約する」ことをまず念頭に置こう。

　クレジットカードの規約を読んだり、保険の証書を確認したりする必要があるため、ADHDの人やディスレクシア、そして計算LDの人には少々負担かもしれないが、最初に手間をかけた分以上に後の効果が大きいので挑戦してみよう。

解決法　固定費の支出状況を確認・見直しをする

電気代やガス代はこのところ自由化が進んでさまざまなセット割引のキャンペーンも盛んだ。まずは支出状況を確認し、**比較サイト**（例：価格.comの比較サイト：https://kakaku.com/energy/simulation/）などでお得になるかを確認することから始めよう。

　このとき大切なのはキャンペーンや勧誘サイトでの「お得です」をそのまま信用しないことだ。この手の料金プランは正確な使用量もしくは利用料金で比較すると、サイトで挙げたのとは違う結果になることがままある。電力会社やガス会社から届く使用量のお知らせを必ずチェックしよう。

　お知らせを保管していなくてもクレジットカードの明細や銀行の通帳などからおおまかな目安は把握できるし、保管していなくてもインターネットの会員登録をすれば過去のデータを調べられるから、そこから1年分を割り出そう（例：東京電力のでんき家計簿：https://www.kurashi.tepco.co.jp/pf/ja/pc/pub/hub/charge-amount-confirm.page）。サイトによっては過去の利用量がグラフで表示されるので、計算LDなど数字だとピンとこない人はまずグラフで状況を把握するといいだろう。

使用量グラフの例

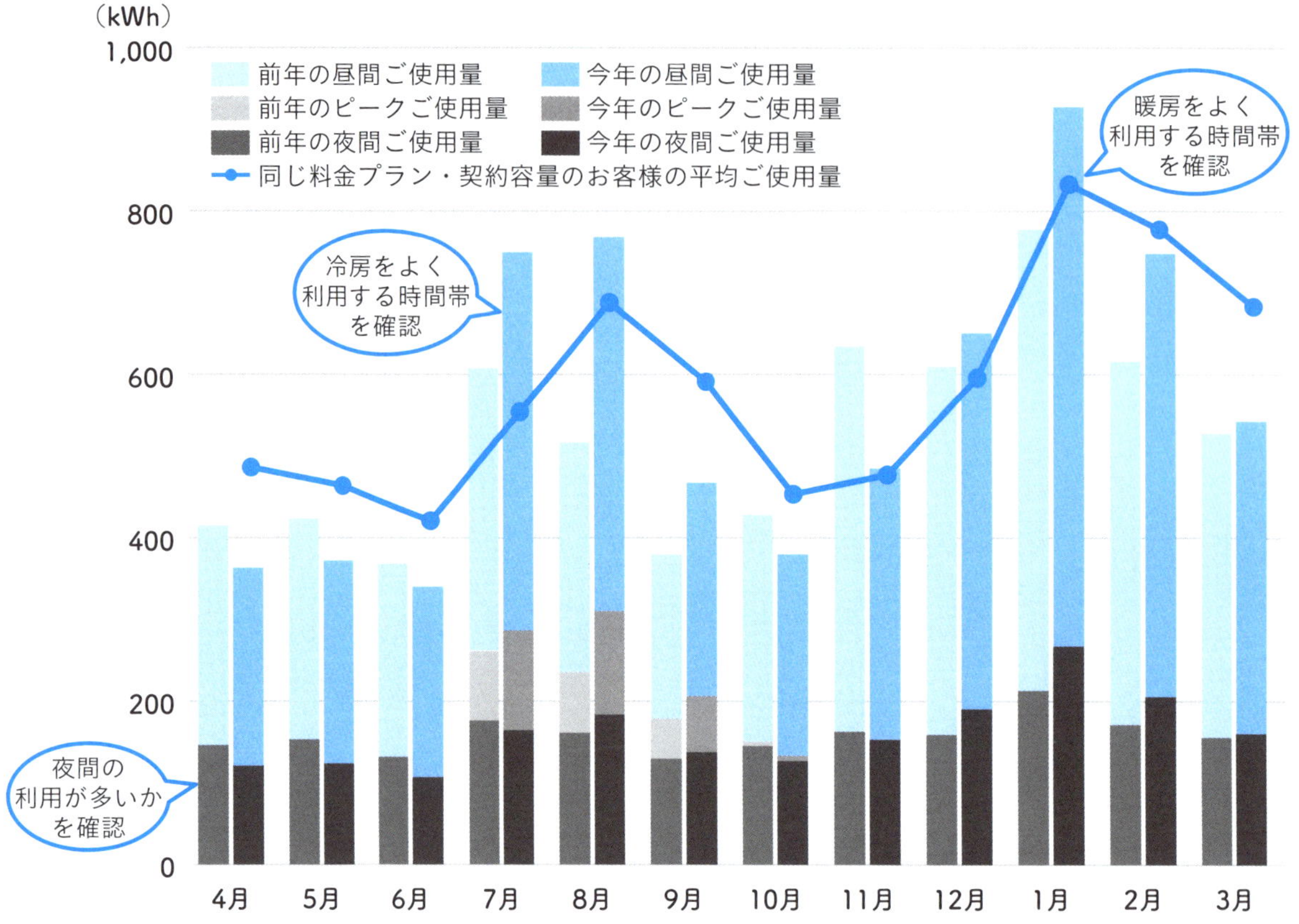

調べるときは「住んでいる地域＋電気料金プラン」などで検索すると出てくる。

比較する際には、**できるだけ自分の生活に合う料金プランを選ぶこと**だ。

たとえば昼間は仕事で不在がちだから電気を使うのは夜間が多い、ペットを飼っているから24時間エアコンなどを使う、といった状況をイメージするとわかりやすい。目安として夜間の使用量が全体の3分の1を超えていれば夜間が安くなるプランも比較しよう。

筆者の家も以前、電気料金を見直して生活状況に合うプランに変えたところ、今までと同じように暮らしているにもかかわらず一気に電気料金を節約できた。他にも携帯電話やインターネット、そして各種保険（自動車保険や医療保険など）の料金などの内容を確認し、暮らし方に合うプランへと変更して固定費を抑えた。

また、利用していないけれど「もしかしたら使うかも」と漠然と会費を払っているクレジットカードやサービスは検討して他のもので代替できそうなら解約しよう。

保険料などを一括で支払う

自動車保険や医療保険は**年払いにすると割引になることが多い**。いきなり年払いは厳しい人は少しずつお金を貯め、余裕が出てきたら徐々に半年払いや年払いへと変更するといいだろう。その際支払い時期が重なると大変なので、支払う時期を少しずつずらすようにするのがポイントだ。

わが家は夫婦とも国民年金加入者なので国民年金保険料を2年前納にして、毎年どちらかの分を2年分払うよう設定している。以前は毎年2人分を前納していたので、結果として同じような支払いペースで負担を減らせた。国民年金は半年前納や早割といった制度もあるので、1年前納や2年前納が難しい人はこちらから始めるといいだろう。

また、支払い方も現金で払うよりも口座振替割引（電力会社などで実施している）やポイントが貯まるクレジットカード払いなど、ちょっとしたことで節約できるサービスを上手に活用しよう。

プライベートブランドを活用する

さまざまな見直しをしてみてようやく最後に検討するといいのが食費や日用品だ。節約の本でよく紹介されているのが、あちこちのお店での底値買い（値段が一番安いときを把握して買うこと）だが、手間を考えるとかなり大変だし、いちいち価格を覚えるのも正直面倒だ。それならよく行くお店で価格と味のバランスがいいものを探すほうが効率的だろう。

筆者が薦めたいのはスーパーなどから出ている**プライベートブランド**だ。スーパーやドラッグストアへ行くとお店のロゴなどがついたシンプルなパッケージの商品が並んでいるのを見たことがあると思うが、それらが販売店で企画や開発をしているプライベートブランドだ。

最近は種類が豊富になって食品は味や品質も向上しているし、日用品は包装がシンプルかつ機能的なこともあってか、インテリア好きな人たちにも支持されている。

価格帯もさまざまで価格を抑えたものから高級志向のものまでそろっているが、いずれも同ランクのメーカー品よりも手頃な価格で販売されているので、気になるものがあれば試してみるといいだろう。

Column

ＦＰ相談などを活用しよう

節約情報サイトや節約がテーマのテレビ番組でFP(ファイナンシャルプランナー)が「こんな制度があります」「ここは見直したほうがいいです」とアドバイスしているのを見かけるようになった。しかし、名前を聞いたことはあっても「お金に詳しそうな人」のイメージでとまっている人が多いだろう。

FPには国家資格である「FP技能士（1〜3級)」と民間資格である「AFP、CFP」があり、いずれも試験を受けて合格しないと取得できない。民間資格というと疑う人がいるかもしれないが、AFPはFP技能士2級相当の知識が必要だし、さらにCFP資格は世界標準資格だから高い知識やスキルを持っている必要がある。

扱う分野も幅広いが、日本だと住宅ローンや生命保険、家計の節約相談の分野が中心で、FPの資格のみ、というよりは会社員として働く、フリーランスでも他の有資格者と一緒に働く、他の資格（税理士や保険募集人など）を持っていることが多いようだ。

それでも最近は独立して事務所を構えているFPも増えており、日本FP協会でも検索することができる（https://www.jafp.or.jp/confer/search/cfp/)。わが家も2年ほど前、住宅ローンと保険全般を見直すため、近くにあるFP技能士1級かつCFPの資格を持つ人のFP事務所へ夫婦で訪れた。

独立開業しているFPのほうが中立的な立場から意見を聞けるだろう、と考えて選んだが、大切なのは自分が聞きたい分野（保険、家計相談など）に強い人を探すことだ（日本FP協会のサイトでも分野を選んで探すことができる)。

家計簿をもとにライフプランを作成してもらいながら検討した結果、「住宅ローンは借り換えるとこれから払う利息よりむしろ借換手数料のほうが高い」「会社員と違って傷病手当金制度がないから、病気の備えを」とアドバイスされた。結局医療保険を変更し、老後の備えは住宅ローン完済まで国民年金を付加年金にして様子を見ることにした。

相談に出掛けたときは漠然とした不安があったが、ライフプランや資産状況を専門家と確認したことで「何とかやっていけそう」とホッとしたことを今でも覚えている。

もちろん状況が変化すればライフプランも変わるため人生の節目ごとに見直す必要はあるが、「こういう視点から考えるといいのか！」と参考になった。「行ってみたいけど、有料だと厳しい……」という人は全国各地で開催される体験相談会（https://www.jafp.or.jp/confer/kurashi_fp/taimen/）に相談するといいだろう。

自治体の中には行政相談の一環としてFPの相談日を設けているところもある（茅ヶ崎市の例 http://www.city.chigasaki.kanagawa.jp/kocho/1003895.html)。住んでいる自治体で実施していて条件が合えば、活用してみよう。

第4章

貯めるときの「困った」を解決したい

未来に向けてお金を貯める

節約ばかり考えると苦しくなるが、貯金はお金だからこそできる未来の自分へのプレゼントだ。今の生活を楽しみながら、今後の人生に向けて少しずつ蓄えを殖やしていこう。

銀行の選び方がわからない

対策

- 利用頻度などを考えながら優先順位をつける
- 今持っている口座と違うタイプの口座を選ぶ

事例　銀行に違いはあるのだろうか

先日昼休みに同僚たちと食事中に先輩が「他行への振込手数料が○回無料になるからネット銀行に口座を開いた」と言い出し、それを皮切りに他の人たちも「○○銀行は金利がいいよね」「△△銀行で住宅ローンを組むと系列スーパーの買い物が安くなるんでしょ？」と話し始めた。どれもはじめて聞く話ばかりで圧倒されてしまった。

帰宅後、通帳を見ると確かにATM時間外手数料が引き落とされている。よく考えると毎月のように「あ！　財布に現金がない」と慌ててコンビニで引き出しているからどうやらATM手数料無料の口座を持ったほうがよさそうだ。

そこでネットで調べると「口座開設キャンペーン！」「手数料無料！」という文字はたくさん出てくるが、比較しようと文字を読んでいるうちにどれがいいのかかえってわからなくなり、すぐにサイトを閉じてしまった。いったい他の人はどうやって口座開設する銀行を決めているのだろう。

原因　銀行を利用する目的が不明確

大半の人は、学生時代から働き始めの頃だと銀行口座は、

- 仕送りなどの振込み
- 保険金などの振込み
- 給料振込み
- 各種料金の引落し
- 普通預金の預入れと引出し

・定期預金への預入れ

といった目的で利用することがほとんどだろう。しかし、今後は生活の変化に伴い、

・住宅ローンや自動車ローンなどの借入れ
・iDeCoなど老後資金運用
・年金の受け取り

などが加わる可能性が高い。最近ではキャッシュレス決済にも銀行が参入し始めているから、今の給与用口座に加えて**自分にとって利用しやすいサービスが充実した口座**があるといいだろう。

　事例の場合はATMの利用回数が多いようだから、急な現金引出しに備えて時間外やコンビニでのATM利用手数料が無料になるサービスは必須条件になる。

　最近はネット銀行や流通系の銀行が登場して競争が激化していることもあり、各種キャンペーンが盛んだ。**キャンペーンの説明を読むだけでも疲れてしまう**（特にASD傾向が強い人やディスレクシアの傾向が強い人に多い）かもしれないが、「ここだけは譲れない！」という条件に絞って口座を作る銀行を決めていこう。

解決法　利用したいサービスの優先順位を決める

自分がどんな状況で銀行のサービスを利用するのか具体的に思いつかない人（ASD傾向が強い人に多い）は、**利用頻度などを考えつつ優先順位をつけてみよう**。

　まず、サービスが使える時間帯とその手数料を確認しよう。特にATM利用料と他行への振込手数料は利用する機会が多いから要注意だ。

　銀行によっては給与振込口座に

銀行口座の利用目的

学生時代から就職当初

・仕送りなどの振込み
・保険金などの振込み
・給料振込み
・各種料金の引落し
・普通預金の預入れと引出し
・定期預金への預入れ

さらに →

今後

・住宅ローンや自動車ローンなどの借入れ
・iDeCoなど老後資金運用
・年金の受け取り

自分の目的に合った口座を選ぶ

指定する、残高が一定額以上ある、といった条件でステージの段階が上がると優待サービスがつくことが多い。給与振込みも「10万円以上」「摘要欄に『給与』と明記されている」といった条件があるからよく読んでから検討しよう。

次に、自分が現金をどこで引き出すことが多いのか考えてみよう。大半の人は効率化を図るため仕事帰りや昼休みに外出したついでといった何かの用事とあわせてすることが多いから、使いやすい場所にATMがあることも条件のひとつだ。

筆者の場合、自宅や最寄り駅付近にある郵便局やコンビニのATMから毎月1、2回ほど現金を出入金しており、大半は平日の日中なので、ゆうちょ銀行（郵便局）やよく行くコンビニでのATM手数料が無料になる口座を利用している。他行へのインターネット経由での振込みも毎月2回程度するため、そちらの手数料も無料もしくは割引になる条件がある口座を選択した。

他にも金利が高い、よく行くスーパーでコンビニと同じ系列である、ポイントやマイルが貯まる、出張や旅行先でATMを利用しやすい、海外ATMから現金を引き出せるといった条件も選択肢として挙げられるだろう。

そして、キャッシュカードを何度も破損・紛失したことがある人（ADHD傾向が強い人に多い）は窓口の営業時間が長い銀行（例：りそな銀行グループ）やゆうちょ銀行を候補に入れるといいだろう。

今持っている口座と違うタイプの口座を選ぶ

「口座が増えると管理が大変だから、新しい口座にまとめて、今持っている口座は思い切って解約しよう！」と考えた人がいるかもしれないが（ADHD特性が強い人に多い）、ネット銀行や流通系銀行にも注意点がある。

実は、これらの銀行は確定申告の際の還付金振込口座や公共料金および税金の引落口座には指定できないことが多い。**互いの口座の欠点を補い合ってより便利に使えるよう**、先に挙げた条件も交えて選んでいこう。

たとえば、

- 今までの口座＋貯蓄用のネット銀行口座
- 今までの口座＋よく行くスーパーと同じ系列の流通系銀行口座

利用口座を選ぶ際に検討すべきこと

・今までの口座＋出張や旅行に便利な口座

といった、自分の生活に合う組み合わせが無難だろう。

筆者は主に仕事関係（給与や謝金など）は通帳でも出入金履歴を確認できるよう都市銀行の口座を利用し、生活用口座や貯蓄用口座にはサービスが充実しているネット銀行を利用して互いの欠点を補うようにしている。

普段はこれで十分なのだが、仕事で全国各地への出張も多いため、緊急用にゆうちょ銀行の口座も利用している。ASDならではの見通しが立たないときに不安になりやすい特性への対策だが、以前出張先で現金が足りなくなったときにゆうちょ銀行のカードで事なきを得た。ゆうちょ銀行は全国に窓口やATMがあるので、転勤する可能性が高い人も候補に入れておくといいだろう。

積立貯金が続かない

対策

- 貯金の効果を思い切り実感することから始めてみる
- すぐに引き出せない口座に積み立てる
- 財形貯蓄制度を利用する

事例　必要だとわかっているのだが……

　以前テレビやネットで「積立貯金をするといい」という情報を知ったときは「始めてみよう」と思ったのだが、いざ定期預金を申し込んで積立貯金を始めてみると、貯金をした分、生活費が足りなくなって、結局家計が成り立たずに解約というパターンに陥ったことがあった。

　今の部屋に少しずつ不満が出てきているからいい物件が出たときにパッと引っ越せるよう準備しておきたいのだが、なかなか思うように貯金ができない。貯金が続く人はいったいどうやっているのだろう。

原因　無理な額の積立貯金を立てている

　積立貯金を始める動機の多くが「老後のため」「将来に備えて」といったかなり先の未来への準備だ。昨今は「老後資産に必要な額は○千万円！」「1億円貯めよう！」といったタイトルで貯蓄や資産運用を促す情報を多く目にするが、いきなりその額を目標にするのは、初心者が何も準備しないままエベレストに登頂するのに近い無謀な計画だ。特に勢いで積立貯金を契約すると、ついつい**無理な目標額を立てがち**（特にADHD傾向が強い人）なので、はじめは無理のない計画を立てることが大切だ。

　貯金することが習慣づいている人の場合、「何はなくとも貯金が趣味」「仕事が忙しすぎてお金を使う暇がないから勝手に貯まっていく」ことが多く、そもそもの行動パターンが異なるので、このような人たちと同じ方法ではうまくいかないのは当然だ。

そうはいっても積立貯金ができたら、事例にもあるようにいい物件が出たらすぐに契約して引っ越せるし、家や車などを買う際に組むローンの頭金にもなる。いきなり1千万円単位は無理でも10万円、100万円といった**スモールステップでお金を貯めるスキルを育てていく**ことが必要だろう。

解決法　使いたいことに向けて積み立てる

老後などの遠い未来の話は、時間軸の感覚が弱い発達障害当事者（特にADHD傾向が強い人）には理屈ではわかっていても感覚的にピンとこないことが多い。そのため、「未来の保証よりも今の楽しみ」となりがちで、結果貯金することが続かなくなってしまう。

そんな人でも「大好きなアイドル歌手のライブの遠征費を貯める」「憧れていたバッグを買うために貯める」と具体的な楽しい使い道があると途端に貯められることが多い。

まずは「お金を貯めたらいいことがあった！」と**貯金の効果を思い切り実感する**ことから始めよう。具体的な日程が決まっていたら予算を等分して準備金として貯めていき、決まっていなければ「○年後」といった日付を決めて積み立てていこう。

もしもそのような具体的な目的が思いつかないようなら、お金が貯まる快感を知るために500円玉貯金をしてみよう。

500円玉だと貯まるスピードが適切なのに加えて（筆者の経験だと1年で4万円ほど貯まる）、貯金箱を持ったときずっしりと重いので、「これだけ貯めた！」と実感もわきやすい。貯まったら貯蓄用口座に預けてもいいし、「最近がんばったからちょっと贅沢しようかな」といったご褒美資金としてもいい。

「ちょっとした楽しみに使ってもいいお金がある」こと自体が精神的な安心感につながって無駄遣いの歯止めにもなる（特にASD傾向が強い人）し、「貯金は我慢ばかりではない」と納得することで「まあ、今回はやめておこうかな」と行動のコントロールへつながりや

すくなる（特にＡＤＨＤ傾向が強い人）。特に楽しいことにお金を使うことにどこか後ろめたさを感じる人（ＡＳＤ特性が強い人に多い）は、ここから始めてみよう。

すぐに引き出せない口座に積み立てる

「楽しみのための貯金はできるが、将来に備えて、となるとなかなか続かない」人の場合は、生活費の見直しや貯蓄額の検討と同時に、**すぐに引き出せない仕組みを作ること**も必須だろう。

もしも勤務先に**財形貯蓄制度**があればぜひ活用するといい。これは厚生労働省所管の「勤労者財産形成促進法」に基づいて導入された制度だ。給与からあらかじめ申請した額を会社側で天引きし、それをまとめて金融機関へ預け入れる。会社によって手続きが異なるから事務担当者に確認してみよう。

財形貯蓄には一般、住宅、年金と３種類あり、最初は目的を問わずに利用できる一般から始めるといいだろう。３年以上継続が条件となるものの、１年以上経過すれば積立金を引き出せる。

ただし、引き出すには会社に書類を提出する必要があるから、今回のような条件にはまさにうってつけだ。

財形貯蓄を利用できない場合は積立定期を申し込むか、ネット銀行など金利が高めの銀行を貯蓄用口座に決めて積み立てていこう。

その際、「積み立てるからには○万円で！」とつい金額を高くしがちだが、最初は数千円単位にして徐々に金額を増やす、月末に予算が余ったらその分も貯蓄用口座に預金するのが妥当だ。

特にＡＤＨＤ傾向が強い人は、このような段階を踏むのを嫌う傾向があるが、ここでの目標は「着実に預金残高が増える口座を作る」ことなので、極端な話「少しでも増えていけばＯＫ」とあえて基準を低くしよう。筋トレと同じで、少しずつ負荷を増やすのが貯蓄体質への近道だ。

また、せっかく貯金しても引き出しやすい環境だと「後で振り込めばいいから」とつい気が大きくなり、せっかくの積立貯金を引き出してしまいがちな人（ＡＤＨＤ特性が強い人に多い）の場合、簡単に引き出せない工夫がさらに必要だ。

たとえば貯蓄用口座は自宅や職場付近に支店やＡＴＭがない銀行を選んで給与口座から自動振込みにする、財布に貯蓄用口座のキャッシュカードを入れない、ＡＴＭで使えないように貯蓄用口座はキャッシュカードを作らずに通帳だけで管理する、といったあえて使いにくい銀行口座にしておく対策を立てよう。

強制的に貯金ができる3つのやり方

❶ 500円玉貯金をする

- お釣りで500円玉をもらったら貯金箱に入れる
- 1年ほどで貯金箱が一杯になるので、銀行窓口へ持っていき預金する
- 1年で4万円前後が貯まり、達成感を得やすい

❷ 給与天引きの積立貯金をする

- 計画的に貯金をしたいなら、給与が振り込まれた直後に積み立てる方式にする
- 会社に財形貯蓄制度があるのなら、積極的に利用する

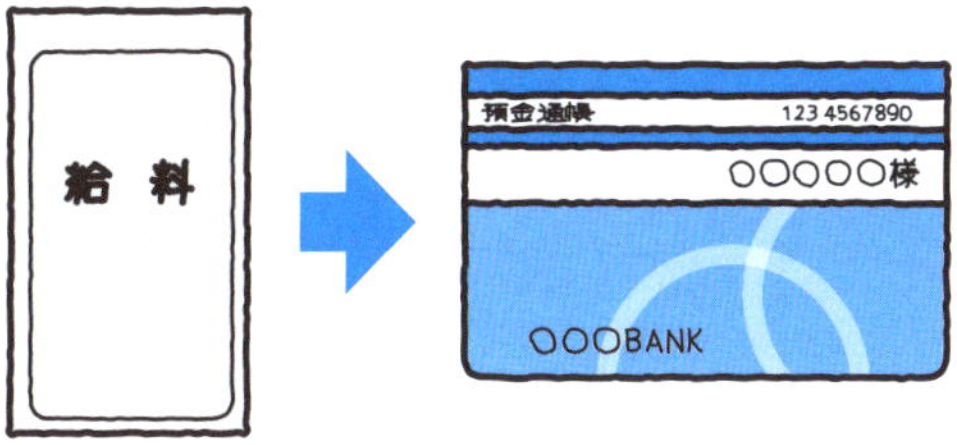

❸ 生活口座と貯蓄口座を分ける

- 普段使わない分は簡単には引き出せない銀行の口座に移す
- 財布に貯蓄用の口座のキャッシュカードを入れない
- ATMで使えないよう、あえてキャッシュカードを作らない

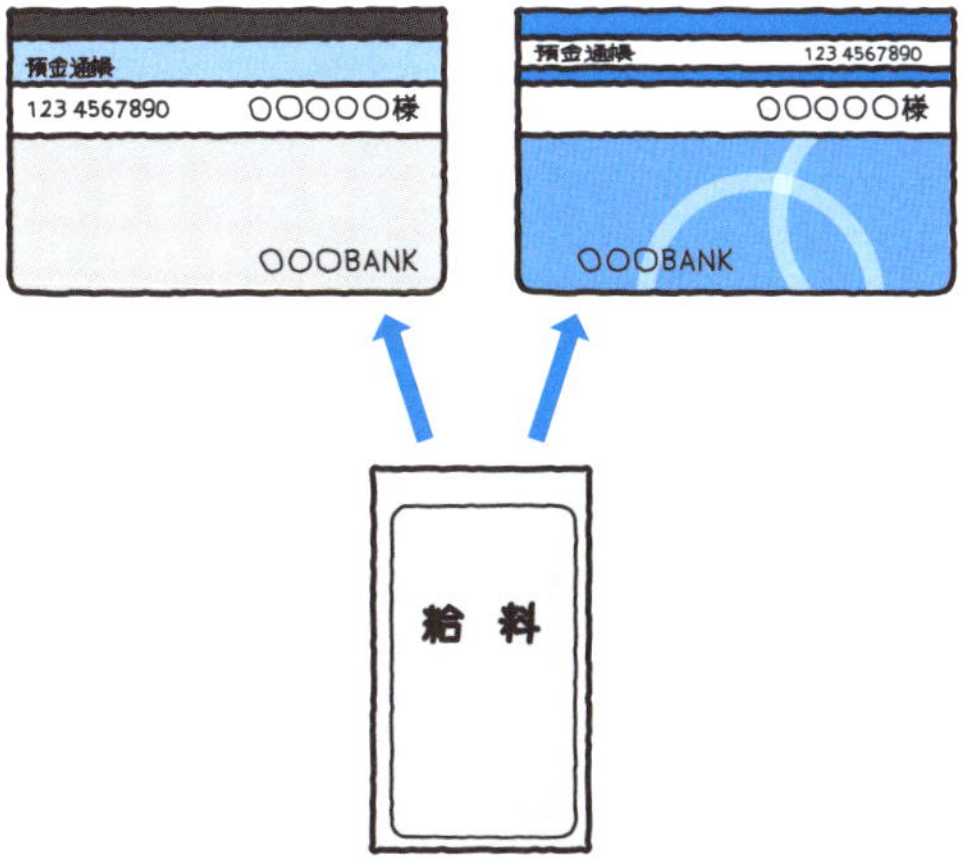

新生活にかかる費用の目安がわからない

対策

- ライフプラン表を作る
- 収支のグラフを作る
- 補助金や支援制度を調べる

事例 同僚からの話に我に返るが……

同僚が結婚することになり、「思ったよりお金がかかるのにビックリ」と話していた。

よく考えたら結婚する同僚と年齢は変わらない。近い将来自分にも起こりうることなのか……と思うと、「じゃあ、いくらくらいかかるの？」と気になり、帰宅後相場を調べてみたら「300～400万円」とあって、思わず「え……」と声が出てしまった。

この手のことにまったく興味がなくて気にしていなかったが、結婚や介護など、人生の節目ごとに多額の出費があることに気がついた。これからは計画的に貯金したほうがいいとは思うが、どのようにしたらいいのか見当がつかない。何かいい方法はないだろうか。

原因 ライフイベントへの実感が弱い

進学、就職、転居……と振り返ると「あれは人生の節目だったな」と感じることは今までもあっただろう。

このようなときには必ずといっていいほど多額の出費が発生する。今までは保護者が出していたことが多かったから意識していなかったかもしれないが、裏では数十万円から百万円単位のお金がかかっていたのだ。

多くの人は自然とこのようなライフイベントを意識している。しかし、発達障害の人の場合、**時間感覚がつかみづらい**、**そのときになるまで考えることを先延ばしす**

る（ADHD傾向が強い人に多い）、**人間関係に興味を持ちづらい、やりたいことに多額の費用がかかることに想像がつきにくい**（ASD傾向が強い人に多い）といった特性があるケースが多い。

だから、そのときになってはじめて「え？　お金どうしよう!?」と焦ったり、「仕方ないやー」「何とかなる！」と見切り発車になりがちだ。

「そんなお金、いきなり言われても用意できないよー」と不安に感じるのも無理はないし、マスコミなどで取り上げられている金額はあくまでも目安だから、全員がこの額を支払っているとは限らない。不要な項目を減らす、支援制度を活用する、周囲の人と協力し合うといった方法で乗り切っているのだ。

「人生なんていつどうなるかわからないじゃないか」と言われたら確かにその通りだが、おおまかな目安はあるので、そこにどうお金を振り分けるかを少しずつ意識していこう。

解決法　ライフプラン表を作ってみる

まずは**ここ20年くらいについて考えてみる**といいだろう。中には「ずっと今まで通りじゃないかな」と考えた人もいるかもしれないが（特にASD特性が強い人に多い）、20代から30代は転職や結婚といった人生の転機になり得る出来事が生じる可能性が高い。そして、これからは家族の状況とも関係してくるため、家族の年齢や状況などもわかる範囲で記入してみよう。

恋人がいる場合は恋人についても考えてみるといいだろうし、いない場合でも不確定要素として色を変えて記入してみると、「こんな人生もあるかもしれない」「突然こういうことが起きたら意外とお金がかかるな」といった見通しが立つ。

計画を立てることが苦手な人（ADHD特性が強い人に多い）はなかなか思い浮かばないかもしれないが、99ページの記入例を参考におおまかでいいので書いてみよう。

費用の目安の欄は予算、備考欄は出費がありそうな項目（この例の場合は両親の退職祝いや弟の就職祝いなど）を記入していくといいだろう。

すると、「ここ数年は出費がかさみそう」「車の買替えはもう少し待ってみようか」「結婚や転職するかもしれないけれど、まだハッキリしないから引越しは今の職場や仕事優先で考えよう」といったイメージがつかめてくる。

いくらくらいかかるか見当がつかない場合は、サイトなどで目安や相場を調べて参考にしよう（例：日本FP協会埼玉支部　https://www.jafp.or.jp/shibu/saitama/seikatsu/life/cost/）。

収支のグラフを作ってみる

おおまかなイメージができたところで、次は**ライフイベントに沿って収支のグラフを作ってみよう**。結婚や出産はまだハッキリしないので、今のままの場合と結婚や出産があるプランで作るといいだろう（101ページグラフ例参照）。

グラフからもわかるように、ずっと独身でいる場合と結婚や出産をした場合でもかなり状況が変わってくるが、さらに、

- 転職
- 趣味の出費
- 車や住宅の購入
- 子どもの進路
- 家族の介護
- 社会情勢

などでもグラフの形は細かく変化する。

ここで注意すべきは、「結婚・出産すると出費が増えて貯金できないし、面倒だから独身のままがいいかな」といった**極端な発想に走らないこと**だ（特にASD傾向が強い人に多い）。

大切なのは、「今後の人生では100万円単位での大きな出費が何度かある」「通常の生活とは別に少しずつ貯金する習慣をつける」「大きな出費についてイメージする（例：移動に必須だから車は持つけれど、維持費節約のため軽自動車にする）」などと、今まで考えつかなかったお金の流れをグラフから想像することだ。

特に計算LDの場合、数字だけではイメージがつきづらいからこそ、「子どもが生まれる前後は産休、育休で収入がないからガクッと貯金が減るんだな」「車の買替えをしたから山型になっているのか！」とグラフの形の意味を考えることが大切だ。

ASDの場合、「想像力の欠如」が特性のひとつとして挙げられるだけに、それを知識でカバーすることが必要だし、ADHDの場合、計画を立てることに苦手な特性があるから、「こういう計画の立て方がある」とまず知ることから始めてみるといいだろう。

補助金や支援制度を調べてみる

「多額のお金がかかるから積立貯金をしないといけないのはわかったけれど、今は毎日の生活に精一杯で……」とプレッシャーを感じた人もいるだろう（ASD特性が強い人に多い）。実際、マスコミで報道されているような額を貯められていない人もたくさんいる。それでもやっていけているのは、さまざまな形で他人の支援を受けたり、**補助金**などの制度を利用した

ライフプラン表の例

西暦	自分の年齢	家族の年齢					ライフイベント	費用の目安	備　考
		父	母	弟	パートナー	第一子			
2019	25	59	58	21			車の買替え	150万円	頭金＋ローン
2020	26	60	59	22			父再雇用		
2021	27	61	60	23			引越し検討、母再雇用、弟就職	50万円（引越し）	就職祝い
2022	28	62	61	24			車検	8万円	
2023	29	63	62	25					
2024	30	64	63	26	30		車検 車ローン完済 結婚関係の出費	10万円 200万円(自己負担分)	この頃結婚？
2025	31	65	64	27	31		父退職		退職祝い
2026	32	66	65	28	32		母退職、車検	8万円（車検）	退職祝い
2027	33	67	66	29	33	0	第一子出産	30万円(出産費用)	
2028	34	68	67	30	34	1	車検 第一子保育所入園	10万円 50万円(保育料)	
2029	35	69	68	31	35	2		50万円(保育料)	
2030	36	70	69	32	36	3	車検	8万円（車検） 20万円(保育料)	
2031	37	71	70	33	37	4		20万円(保育料)	
2032	38	72	71	34	38	5	車の買替え	20万円(保育料)	買替えなら150万円
2033	39	73	72	35	39	6	第一子小学校入学	30万円（学童、習い事）	
2034	40	74	73	36	40	7		30万円（学童、習い事）	
2035	41	75	74	37	41	8	車検	8万円（車検） 30万円（学童、習い事）	
2036	42	76	75	38	42	9		30万円（学童、習い事）	介護？
2037	43	77	76	39	43	10	車検	10万円（車検） 30万円（学童、習い事）	
2038	44	78	77	40	44	11		30万円（学童、習い事）	
2039	45	79	78	41	45	12	車検 第一子中学校入学	8万円（車検） 30万円（学童、習い事）	

独身の場合のシミュレーション

西暦	自分の年齢	収　入	支　出	貯蓄額	ローン残高	ライフイベント	備　考
2019	25	350万円	300万円	150万円	100万円	車の買替え	
2020	26	350万円	250万円	250万円	80万円	父再雇用	
2021	27	350万円	300万円	300万円	60万円	引越し検討、母再雇用、弟就職	
2022	28	370万円	250万円	420万円	40万円	車検	
2023	29	370万円	270万円	520万円	20万円		
2024	30	370万円	280万円	610万円	0円	車検 車ローン完済	
2025	31	380万円	280万円	710万円		父退職	
2026	32	380万円	330万円	760万円		母退職、車検	
2027	33	400万円	280万円	880万円			
2028	34	400万円	330万円	950万円		車検	
2029	35	400万円	280万円	1,070万円			
2030	36	400万円	330万円	1,140万円		車検	
2031	37	420万円	280万円	1,280万円			
2032	38	420万円	430万円	1,270万円		車検 （買替えかも？）	買替え（200万円）で計算
2033	39	420万円	280万円	1,410万円			
2034	40	420万円	280万円	1,550万円			
2035	41	450万円	330万円	1,670万円		車検	
2036	42	450万円	280万円	1,840万円			
2037	43	450万円	330万円	1,960万円		車検	
2038	44	450万円	280万円	2,130万円			
2039	45	450万円	330万円	2,250万円		車検	

※正社員で働いている場合を想定
※賃貸住宅での一人暮らしを想定

独身の場合の貯蓄額

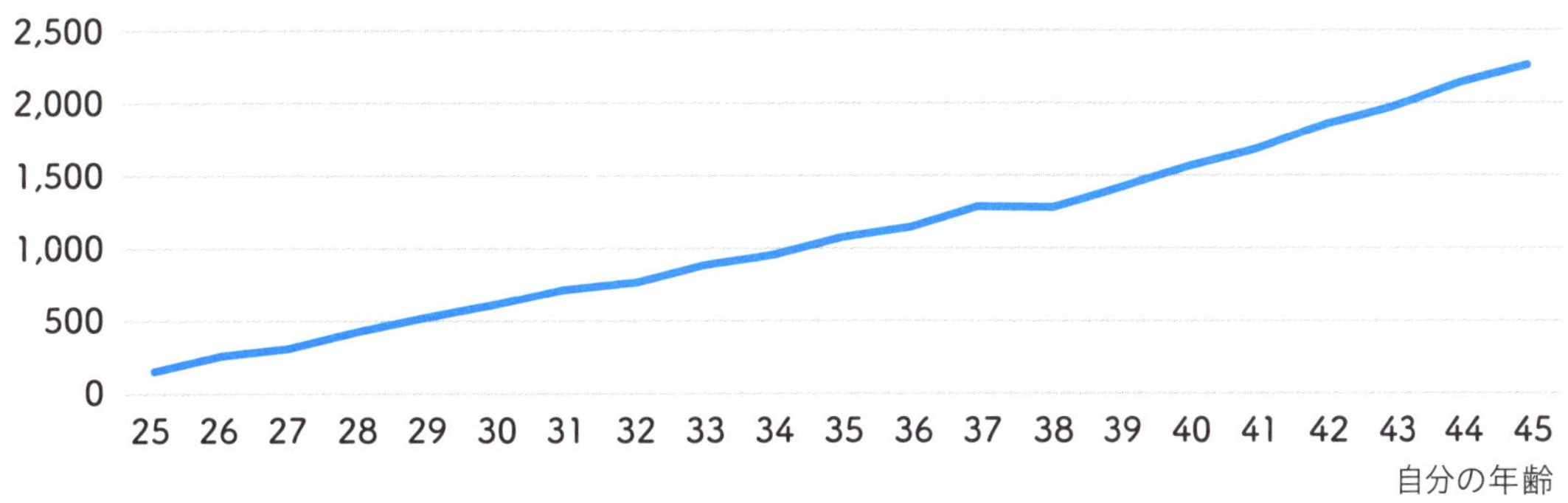

結婚・出産した場合の貯蓄額

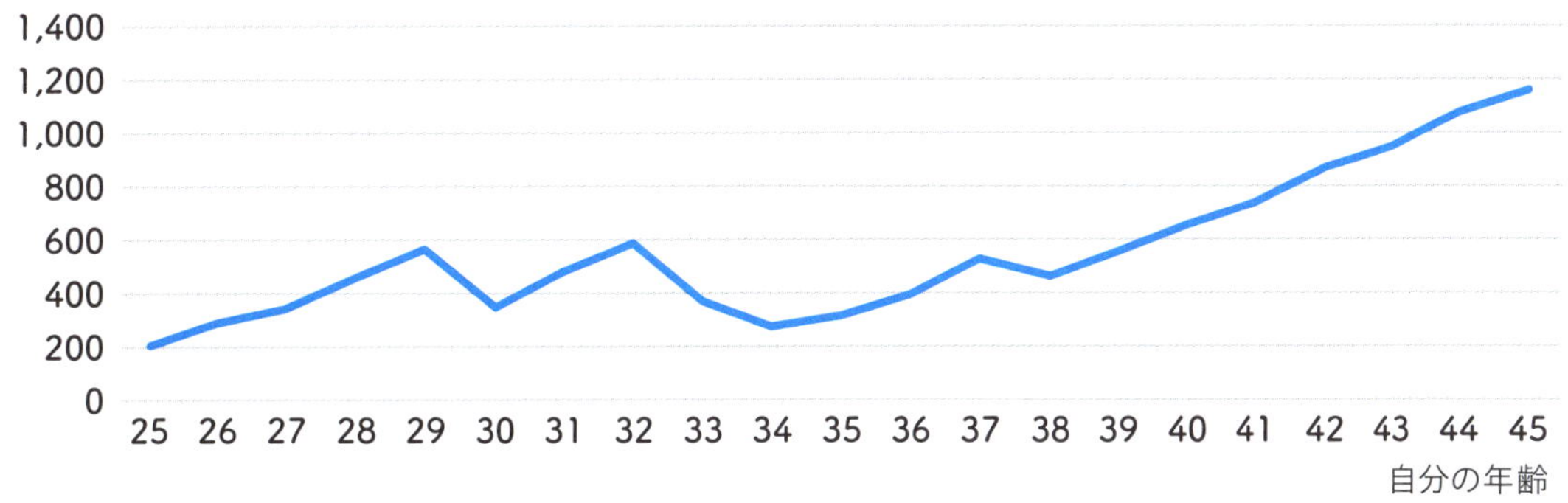

りしているからだ。

結婚式の費用もご祝儀は親戚や友人間での互助的な資金援助という考え方もできる。また、親戚付き合いが減っている地域では結婚披露宴を行わず両親や兄弟だけの食事会と前撮り写真で済ませる場合も増えている。

早めに把握しておけば事前に話し合う、利用できる制度を申請するといった対応ができるから出費を抑えられる。考えるのが面倒だからとつい先延ばししがち（特にADHD傾向が強い人に多い）だが、「こういうときに利用できる制度があるかもしれない！」と思うのと、「こんな状態では無理かも……」と思うのでは同じ状況でも捉え方が変化する。

貯蓄額のグラフをできるだけ右肩上がりにしつつ、ライフイベントをうまく乗り切るためにはどうしたらいいのか、少しずつでもいいので考えてみるといいだろう。

結婚・出産した場合のシミュレーション

西暦	自分の年齢	パートナー	第一子	収入	支出	貯蓄額	ローン残高	ライフイベント	備　考
2019	25			350万円	300万円	200万円	100万円	車の買替え	
2020	26			350万円	250万円	300万円	80万円	父再雇用	
2021	27			350万円	300万円	350万円	60万円	引越し検討、母再雇用、弟就職	
2022	28			370万円	250万円	470万円	40万円	車検	
2023	29			370万円	270万円	570万円	20万円		
2024	30	30		370万円	600万円	340万円	0円	車検　車ローン完済 結婚関係の出費	ここから世帯
2025	31	31		650万円	500万円	490万円		父退職	
2026	32	32		650万円	550万円	590万円		母退職、車検	
2027	33	33	0	400万円	630万円	360万円		第一子出産	産休・育休
2028	34	34	1	550万円	640万円	270万円		車検 第一子保育所入園	
2029	35	35	2	600万円	550万円	320万円			
2030	36	36	3	650万円	570万円	400万円		車検	
2031	37	37	4	650万円	520万円	530万円			
2032	38	38	5	650万円	720万円	460万円		車検 （買替えかも？）	買替え （200万円）で計算
2033	39	39	6	650万円	550万円	560万円		第一子小学校入学	学童と習い事を考慮
2034	40	40	7	650万円	550万円	660万円			
2035	41	41	8	680万円	600万円	740万円		車検	
2036	42	42	9	680万円	550万円	870万円			
2037	43	43	10	680万円	600万円	950万円		車検	
2038	44	44	11	680万円	550万円	1,080万円			
2039	45	45	12	680万円	600万円	1,160万円		車検 第一子中学校入学	公立校で計算し、塾と習い事を考慮

※夫婦正社員での共稼ぎで産休・育休→1歳から保育園という計算
※小中学校は公立で、小1から学童や習い事に通う計算
※賃貸住宅を想定

Column

制度の調べ方

本書ではさまざまな支援制度を紹介しているが、改めて「困ったときに使える制度にはいろいろなものがあるな」と思っただろう。実は筆者もこの本を書くにあたって調べてみてはじめて詳細を知る制度もあった。

読者の中には「ひょっとしたら自分も該当者かも？」「でも、なんで病院や会社では教えてくれなかったの？」と思った人がいるかもしれない（ASD特性が強い人に多い）が、実は専門家も自分の専門外の制度についてはあまり詳しくないことが多い。たとえばリストラなどによる国民健康保険の減免制度も会社の健康保険とは違う仕組みなので、会社の担当者も知らない可能性がある。さらに平成22（2010）年から始まった制度だから、それ以前に書かれた本やウェブサイトだと出てこない。

法律や制度は定期的に見直しが行われているため、新しい法律ができたり改正で変更になっていたりすることがよくある。最新の情報かを確認する、窓口などで自分は該当者かを問い合わせる、必要に応じて弁護士や司法書士、社会福祉士や精神保健福祉士など、法律や福祉の専門家へ相談することも検討しよう。

しかし、法律や制度があることすら知らなければ探しようがない。公的な支援制度などの情報は新聞やウェブサイト、そしてSNSで貧困問題に詳しい専門家が定期的に発信している。法律や制度の改正などがあると、「こんな法律（制度）です」「ここが変わりました」と解説してくれているから、その人が運営しているウェブサイトおよび署名記事や著書を探して読むといい。その際、著者がどんな資格を持っているか、支援経験が豊富な人かといったプロフィールも必ず確認するように心がけよう。

制度を探すときはいくつかコツがある。たとえばウェブサイトを探すときはキーワード検索をするが、キーワードは2つくらいに絞る、自治体もしくは制度の名前を必ず入れる、言葉を入れ替えて何度か検索すると少しずつ異なる情報が出てくる。

ウェブサイトの検索結果も上位に出てくるものよりも記事がアップされた日や更新日を確認し、できるだけ最近の情報を探すことが鉄則だ。

また、本を探すときはあらかじめネットで候補の本を絞ってから大きな書店や図書館で読み比べたほうがより適した情報を探しやすい。書籍についても発行日が新しいものや改訂版がないかを確認しよう。大きな書店だと売場担当者、図書館だとレファレンスサービスで「こんな情報を探している」と伝えると探してくれる手助けをしてくれるから活用するといい。

つい「人に尋ねるのは面倒だからネットで済ませよう」となりがちだが（ADHD特性が強い人に多い）、人間は機械だと苦手な「確か以前こんな感じの話があった」といった曖昧な情報からでも探し出せる長所がある。ネット検索と人の情報収集力のいいところをうまく活用して自分が利用できるサービスを見つけよう。

借金やローンを早く返済したい

対策

- リボ払い設定かを確認する
- 繰り上げ返済や毎月の返済増額を検討する
- 日本クレジットカウンセリング協会や法テラスへ相談する

事例　何気なく利用していたリボ払いで大変なことに……

学生時代に作ったクレジットカードで、以前「ポイントキャンペーン！」というメールが届き、「これは大量ポイントをもらえるチャンス！」と思ったので、早速条件となるリボ払いに切り替えて、キャンペーンのポイントも無事もらうことができた。

その後、「そんなに利用していないから」と放置していたのだが、ある日お店でカードを利用しようとしたところ店員から「このカードは利用できません」と返されてしまった。

そのときは現金で支払ったが、帰宅後カード会社のホームページで確認したら、リボ払いがしばらく続いていてどんどん利息がついた結果、利用限度額まで達してしまったらしい。

それにしてもいったいいつの間にこんなに返済額が増えてしまったのだろうか。

原因　リボ払いや金利の仕組みを知らなかった

カード会社は定期的にキャンペーンをしており、中にはリボ払いを設定することを条件にしていることがある。「いっぱいポイントがもらえるならお得かも！」と思うかもしれないが、下のほうに小さな文字で書かれている注意事項をよく読むことが大切だ。これを読んでみると、「この条件ではメリットが少ないから応募しないな」と見送ることがほとんどだ。

　ところが、注意点を読まずにメリットだけ考えて応募する（ADHD傾向が強い人に多い）、注意事項を読むのに時間がかかったり読んでもすぐに意味がわからないけれど、お得らしいから取りあえず応募する（ディスレクシア傾向が強い人に多い）、金利のイメージがつきづらいけれど何とか払えそうと応募する（計算LD傾向が強い人に多い）といった場合、ポイントよりも**その後支払う手数料や金利が大きくなることに気づいていない**可能性が高い。

　もちろん、中には内容をよく理解して「リボ払いの支払いを限度額いっぱいに上げる」「キャンペーン期間が終わったらすぐにリボ払いから通常の支払いに変更する」人もいるが、このような人は頻繁にホームページをチェックして面倒な登録情報変更などの作業をいとわない。半ばゲームのように頭を使ってポイントを貯めている。「そこまでできない」と思ったら、この手のキャンペーンは基本無視するくらいでちょうどいいだろう。

解決法　リボ払い設定かを確認する

　最近はリボ払いについては「支払い方法をうまくすればお得」「年会費も安くなる」「リボ払いだとポイントが上乗せされる」というメリットが強調される一方で、「金利が高い」「リボ払いは避けよう」という情報も目にする。「両極端な話が多くてどれが本当なの？」と戸惑う（ASD特性が強い人に多い）かもしれないが、結論をいえばどれも本当の話だ。

　ただ、メリットを受けるためにはホームページにアクセスして支払い条件などをこまめに変更する、利用明細書などを毎月確認す

リボ払いの仕組み

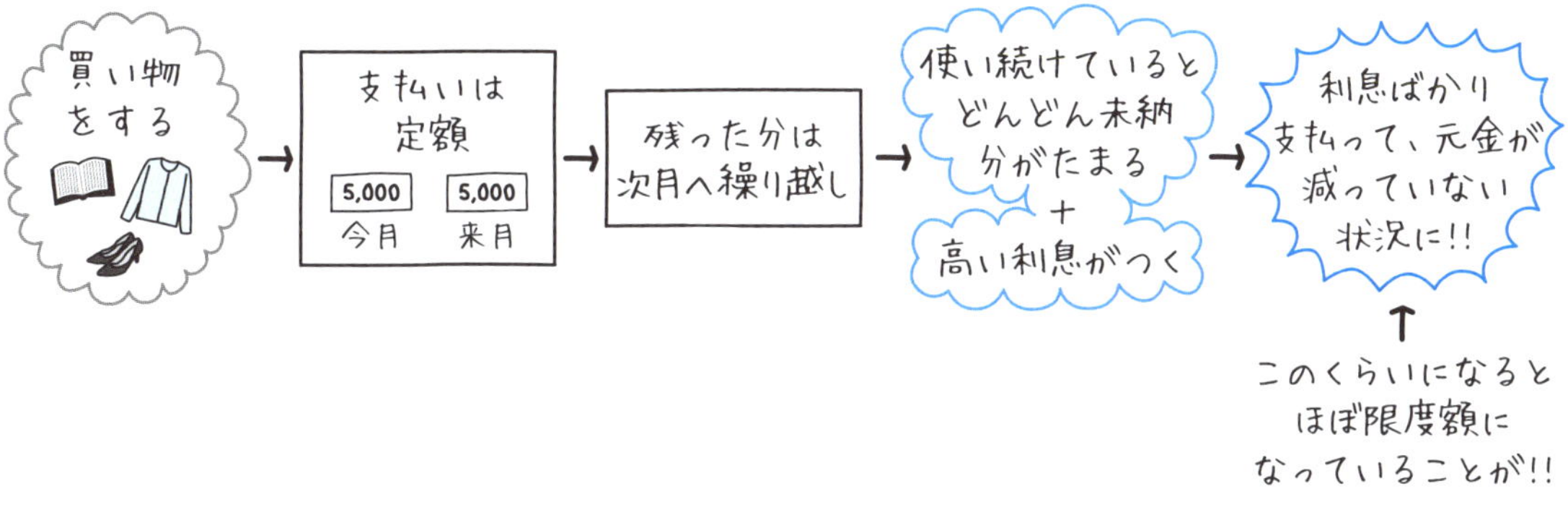
買い物をする
支払いは定額
5,000
今月
5,000
来月
残った分は次月へ繰り越し
使い続けているとどんどん未納分がたまる
＋
高い利息がつく
利息ばかり支払って、元金が減っていない状況に!!
このくらいになるとほぼ限度額になっていることが!!

50万円をリボ払いにした場合

毎月の返済額	支払回数	手数料
1万円	50回	153,306円
3万円	17回	49,165円
5万円	10回	28,288円

出典：中央ろうきんコラム
http://chuo.rokin.com/r-project/column/article/column-06.html

る、といった対応が必要だ。うっかり忘れたり油断したりすると事例のような状況に陥る可能性もある。

「そうはいってもちゃんと支払えていれば大丈夫なのでは？」と楽観的に考えるかもしれないが（ADHD特性が強い人に多い）、リボ払いの平均的な金利は年利約15％（複利）なので、**住宅ローンや自動車ローンの金利よりもずっと高い。**複利計算だと利子にも利息がつくので、返済が滞るとどんどん借金が膨らんでしまう。

金利の目安を知るのに「72の法則」というものがある。72を金利で割ると返済額が2倍になる年数の目安がわかるというものなのだが、この計算式で考えると、リボ払いの場合、約5年で返済額が元金の2倍になってしまう。

クレジットカードの中には、初期設定がリボ払いのものや、海外での利用（買い物やキャッシング）がリボ払いというものもある。これ以上借金を増やさないためにも、そうしたことがないかをまず確認しておこう。もしリボ払いになっていたらカード会社へ連絡すれば一括払いへ変更することができる。会社によって方法が違うので、「〇〇カード　リボ払い　解除」といったキーワードで検索して確認しよう。

繰り上げ返済や毎月の返済増額を検討する

限度額いっぱいまでリボ払いが膨らんでしまうと、50万～100万円とかなり高額になる。貯金から全額返せればもちろんいいのだが、すぐに全額返済は厳しいだろう。そのようなときは一部だけでも繰り上げ返済することを考えよう。これだけでも支払額と支払期間を減らすことができる。

繰り上げ返済はカード会社のカウンター、銀行やコンビニのATM、指定された口座への振込みなどからすることができる。方法や利用手数料などはカード会社によっても異なるから問い合わせてみよう。面倒に感じて先延ばししたくなるかもしれない（ADHD特性が強い人に多い）が、返済日が延びるほど返済額が増えてしまうから早めに手続きを進めていこう。

そして、**毎月の返済も少しでもいいから今の額よりも増やしていく**といい。現段階では利息を払っている状況なので、元金を減らすには返済額を増やして利息を減らすことが大切だ。

また、もしも職場がろうきん（労働金庫）に加入していたら担当者に現状を話してみてもいいだろう。労働金庫とは労働組合や生活協同組合（生協）の会員が、お互いを助け合うために資金を出し合って設立された協同組織の金融機関で、非営利のためローンなども同じ条件なら他の金融機関より低金利のことが多い。「職場にバレるのでは……」とためらうかもしれないが、担当者には守秘義務があるし、これ以上状況が悪化するのを防ぐためにもまず相談してみよう。

ろうきんに加盟している会社の職員もしくはろうきんと提携している生協の組合員なら、審査を通れば優待金利で借りられ、返済についても相談に乗ってくれる。

日本クレジットカウンセリング協会や法テラスへ相談する

「できるだけ返済したいけど、今まで挙げられた方法だと難しいかも……」という人は**日本クレジットカウンセリング協会**（http://www.jcco.or.jp/）や**法テラス**（https://www.houterasu.or.jp/）へ相談しよう。

「会社を休まないとダメ？」（ASD特性が強い人に多い）、「そんなに面倒な話なの!?」（ADHD特性が強い人に多い）と思ったかもしれないが、暮らしを安定させるためにもこの段階で対策を講じることが大切だ。

「ちょっとした文章を読み落としたことでこんなに大変な目に遭うなんて……」と自責の念に駆られたり、「こんな方法が認められているなんて間違っている！」と怒りを感じた人もいるかもしれないが、そういう人ならなおのこと自分の悩みや不安を話したほうが気持ちも落ち着く。

どちらも債務関係に詳しい弁護士や司法書士が相談に乗ってくれるし、費用についても日本クレジットカウンセリング協会は無料だし、法テラスでは無料相談を案内したり、費用がかかった場合は立て替えて後から分割で支払う制度もある。

金融関係は新しいビジネスや取引方法が次々出てくることもあってか、残念ながら法制度が後追いになりがちだ。そのため、「まさかそんなことが!?」という手法で多額の被害や借金が判明することがある。

自分の手ではとても負えないと思ったら一人で抱え込まずに詳しい人に助けを求めよう。

住宅や自動車ローンを組むときの注意点がわからない

対策

- 一定額の頭金や諸費用を見越してシミュレーションする
- 実際に払う額を冷静に計算する

事例

頭金なしでもローンが組めるって本当なの？

休日買い物へ出掛けようと街を歩いていたら新築住宅の内覧会をしていて、販売員に「よかったら見ていきませんか？」と声をかけられた。

「いや、結構です。貯金もほとんどありませんし」とぶっきらぼうに返事をすると、「今は金利も安いですし、頭金なしでも審査に通ればローンを組めますよ」と言われ、断られると思ったのに予想外の返答をされて内心慌ててしまった。

「今のところ家を建てることはまったく考えていないので」と逃げるようにその場を走り去ったが、冷静になって考えてみると、そもそもローンを組む＝多額の借金をするというイメージしかなかったので、何に気をつければいいのかすらわかっていないことに気がついた。

もし将来ローンを利用するとしたら、どんなことに注意するといいのだろう。

原因

ローンに対する認識が曖昧

運転免許取得などの目的でローンを組んだ経験がある人もいるだろうが、おそらく大半の人は車や家を買う際にはじめてローンについて考えるだろう。特に働き始めた頃は貯金が少ないので、「少しの負担であなたのものに」などと言われたら心惹かれるのも無理はない。低金利だと「実質分割払いになるからいいかな」という気持ちにもなるだろう。

店の側がローンを勧めるのは高額な商品を買ってもらいたいからだし、信販会社や銀行といった融資をする会社にとってはローンを組んでもらえることで金利が収入となり、ひいては融資の実績につながるからだ。つまり相互補助的な関係がある。

このような**社会の仕組みに対して興味関心が低い**（ASD特性が強い人に多い）もしくは**返済不能になったときのリスクを考えることが苦手**（ADHD特性が強い人に多い）な場合、「いきなり多額の借金を背負わされる！」「欲しいものがすぐに手に入るならいいな！」とローンに対して極端な思考になりがちだ。

「借金なんて金輪際ゴメンだ。それなら生活を切り詰めて貯金に励めばいい！」と考える人（ASD特性が強い人に多い）もいるかもしれないが、予備の貯金をすべて使い果たしたら、それはそれで緊急事態に対応できない可能性もある。やみくもに怖がるのではなく、ローンの注意点を理解した上で必要なときに対応できる準備をしていこう。

解決法　一定額の頭金や諸費用を見越してシミュレーションする

最近マンションや車の広告に「頭金0円でも！」と提携ローンを組んだ場合の返済プランが紹介されている。

しかし、車や家を購入する際、必ず諸経費（登録費や税金、手数料など）がかかる。車の場合は車両価格の10％、住宅の場合も引越し費用や家具家財の購入費などを含めると5～10％前後を見越しておく必要がある。見積りが苦手な人（ADHD特性が強い人に多い）や計算に苦手意識を持っている人（計算LD特性が強い人に多い）はつい避けて通ろうとしがちだが、いざ購入というときに諸費用を入れていなかったために資金不足で諦めざるを得なくなってしまっては元も子もない。

まずは「**最低限でも諸経費分だけは絶対貯金から賄う！**」と決めて、積立貯金で資金を準備しよう。

さらに頭金を2割から3割前後

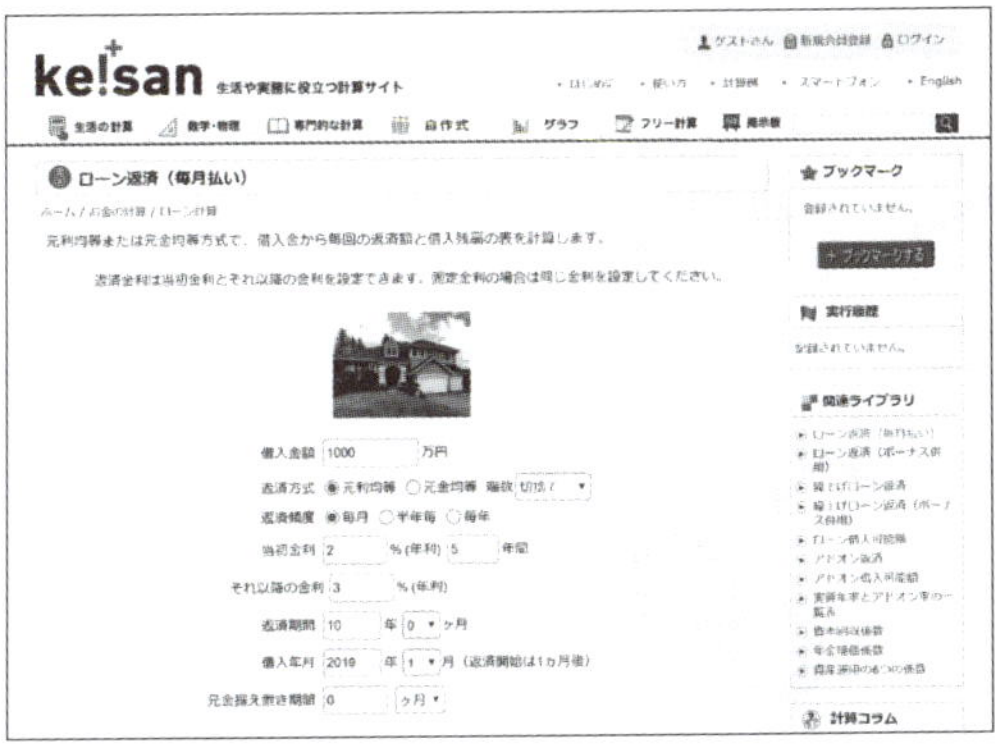

カシオの「keisan」を利用すれば、ローン計算が簡単に行える
https://keisan.casio.jp/exec/system/1256183644

準備できれば返済期間や返済額を減らすことができる。

　このように考えると予想以上に事前準備が大切なことに気がつくだろう。

「具体的な返済イメージを持ちたい」人はローン計算のサイトで計算できるし、エクセル関数に詳しい人ならエクセルで自作することも可能だ。

金利および利息分の支払額を確認する

「今は低金利の時代」と言われてもピンとこないかもしれない（計算LDの傾向が強い人やASD傾向が強い人に多い）が、サイトやエクセルでローン計算をしてみると、金利の違いで支払総額がガラッと変わることがよくわかる。

　たとえば100万円をローンで借りる際、年利2％なら利息分は5万1666円（月々の支払いは1万7528円）となるが、年利4％なら利息分は10万4991円（月々の支払いは1万8417円）となる。

「あれ？　金利2％なら利息分は2万円じゃないの？」「年利が2倍なら単純に2倍になるんじゃないの？」と思った人もいるかもしれない（ASD特性が強い人に多い）が、ローンの場合、複利法を用いるため利息分も含めた計算になる。つまり金利が高い、もしくは返済期間が長いほど支払総額が一気に増える。

　特に住宅ローンなど数千万円単位の借入れだと1％の差でも一気に返済総額が変化してしまう。返済シミュレーションで金利を変えてみると「こんなに変わるの!?」とその違いに驚くだろう。特に計算が苦手な人（計算LDの特性が強い人に多い）や実感を伴うと事情を認識しやすい人（ADHD特性が強い人に多い）は**何通りか試してみて数値の変化を確認しよう。**

　また、ついローンを組むとき「100万円借りた」と元金ばかりに注意が向きがちだが、返済計画では**実際に支払う額を冷静に計算するほうが現実的だ。**

　一方で、「この利息分を上乗せすれば高価なものを早めに入手して長く楽しめる」「生活費を見直してやりくりできれば無駄遣いを減らせる。結果として利子を支払うけれど、その商品を買うために貯金をしたのと同じだ」「格段に生活の質が上がり、仕事の幅も広がる」といった**金額を上回るメリットをハッキリ感じているか**も大切だ。

　いずれにせよ20代から30代にかけては転職や転居、もしくは結婚や出産によって、生活が大きく変化する可能性が高い。まずは家計の黒字化と積立貯金を重視したほうがいいだろう。

自動車ローンの計算例

年利が	4.00%	で月複利のとき	1,000,000円	円を借り入れて
	5	年間で完済するには	18,417円	円を毎月返済する

返済元本と利息合計

利　率	期間（月）	借入額
4.00%	60	1,000,000円

回　数	元　本	利息分	支払総額
1	15,083円	3,333円	18,417円
10	153,115円	31,051円	184,165円
20	311,410円	56,920円	368,330円
30	475,062円	77,433円	552,496円
40	644,252円	92,409円	736,661円
50	819,167円	101,659円	920,826円
60	1,000,000円	104,991円	1,104,991円

支払総額を確認する

元本分と利息分の支払額

※元利均等返済の場合

最初は支払う利息が多い

回　数	元　本	利息分	返済額
1	15,083円	3,333円	18,417円
2	15,133円	3,283円	18,417円
3	15,184円	3,233円	18,417円
4	15,235円	3,182円	18,417円
5	15,285円	3,131円	18,417円
6	15,336円	3,080円	18,417円
7	15,387円	3,029円	18,417円
8	15,439円	2,978円	18,417円
9	15,490円	2,926円	18,417円
10	15,542円	2,875円	18,417円
30	16,611円	1,805円	18,417円
40	17,173円	1,243円	18,417円
50	17,755円	662円	18,417円
60	18,355円	61円	18,417円

住宅ローンの計算例

年利が	1.55%	で月複利のとき	35,000,000円	円を借り入れて
	35	年間で完済するには	108,024円	円を毎月返済する

返済元本と利息合計

利　率	期間（月）	借入額
1.55%	420	35,000,000円

回　数	元　本	利息分	支払総額
1	62,816円	45,208円	108,024円
60	3,916,196円	2,565,235円	6,481,431円
120	8,147,756円	4,815,105円	12,962,862円
180	12,720,076円	6,724,216円	19,444,292円
240	17,660,597円	8,265,126円	25,925,723円
360	28,767,231円	10,121,354円	38,888,585円
420	35,000,000円	10,370,015円	45,370,015円

1%代の利率でも利息が多額に

元本分と利息分の支払額
※元利均等返済の場合

回　数	元　本	利息分	返済額
1	62,816円	45,208円	108,024円
12	63,714円	44,310円	108,024円
24	64,708円	43,315円	108,024円
36	65,719円	42,305円	108,024円
48	66,744円	41,279円	108,024円
60	67,786円	40,237円	108,024円
72	68,845円	39,179円	108,024円
96	71,011円	37,013円	108,024円
120	73,245円	34,779円	108,024円
180	79,143円	28,880円	108,024円
240	85,517円	22,507円	108,024円
300	92,403円	15,621円	108,024円
360	99,844円	8,180円	108,024円
420	107,884円	139円	108,024円

ほとんどが利息なので繰り上げ返済をするのが大切

第5章

備えるときの「困った」を解決したい

ピンチを乗り切る術を学ぶ

人生はいつでも順風満帆とは限らない。思いがけないピンチに直面したときにできるだけ冷静に事に当たれるよう、利用できる制度や法律を知り、自分でもできる備えを始めよう。

年金や健康保険の支払いが負担

対策

- 必要な書類を持って自治体の窓口へ行く
- ハローワークへ行って雇用保険受給資格証を作成する

事例

払わないといけないのはわかっているが……

今まで働いていた営業所の閉鎖が急遽決まり、他の支店への転勤も打診されたが通勤時間などの条件が合わず、悩んだ末、結局断ってしまった。

退職後は貯金と失業保険で暮らさないといけないし、事務の人から「離職票が届いたらそれを持ってハローワークへ行って手続きしてくださいね。それから厚生年金と健康保険は使えなくなりますから、役所で国民年金と国民健康保険に入る手続きもお願いします」と言われ、「え？　いつ失業手当が入るかわからないのに、あれこれ保険料を支払うのは大変だぞ……」と心細くなってしまった。

同僚から「確かこういう場合には年金や健康保険料は減免制度があるはずだよ。離職票を持って役所の窓口で相談するといいよ」と教えてもらったが、はじめて聞いた上にいろいろ手続きが必要な話ばかりでゲンナリしてしまった。

減免してもらえるのはありがたいが、何を準備してどこへ行くといいのだろうか。

原因

減免などの救済制度についてよく知らなかった

日本ではすべての人が何らかの健康保険に加入することが義務づけられている。自営業や無職の人は原則住んでいる市町村の国民健康保険に加入するが、保険料の額は前年の所得に応じて決まる。

年金についても日本に住んでいる人は20歳になった時点で加入手

続きをして、会社員は厚生年金（第2号）、その他の人は国民年金（第1号、第3号）に加入しなければならない。

しかし、さまざまな事情で保険料を支払うのが困難な場合もあるため、制度を維持・利用できるようにするために保険料を減額や免除したり（減免）、納付を猶予して金銭に余裕ができたときに後から支払う（追納）といったさまざまな救済制度がある。

生活が苦しいからと未納のままにしていると、年金を受給する年齢になったときに、加入期間が足りないことがあるし、病気やケガをした場合、窓口の支払いが高額になる上にさかのぼって未納分の健康保険料と滞納金を支払わなければならない。

手続きが面倒だからと先延ばししたくなる（ADHD特性が強い人に多い）し、**書類が多くて大変**（ディスレクシアの傾向が強い人に多い）、**ハッキリしないことが多くてどうしたらいいかわからない**（ASD特性が強い人に多い）かもしれないが、面倒がらずに手続きをすることが大切だ。

解決法　自治体の窓口へ行く

仕事を辞めたら失業保険の手続きをすることは多くの人がすぐに思いつくが、年金と健康保険は意外と後回しになりがちだ。失業保険→ハローワーク、年金と健康保険→市町村もしくは任意継続の窓口と違う場所になることや、「めったに病院へは行かないから」と必要性を感じないことを後回しにしてしまうのが理由だろう。

また、会社へ入社するときは事務の人が手続きを代行してくれることがほとんどのため、自分でやるとなると書類を記入する手間が負担になるかもしれない（ディスレクシア傾向が強い人に多い）が、日本ではほとんどの制度が申請してはじめて利用できるものなので、**とにかく必要な書類を持って窓口へ行くこと**が重要だ。

特に健康保険は退職後14日以内に手続きしないといけないので、離職票もしくは後述の雇用保険受給資格証を持参して国民年金と国民健康保険の加入手続きをする際、「保険料を軽減する制度を利用したい」と相談しよう。

健康保険には任意継続という方法もあるが、事例では事業所閉鎖というやむを得ない理由のため、国民年金・国民健康保険のいずれも減免制度を受けられる可能性が高い。適用されると大半の場合、任意継続よりも保険料が安くなる。これは、「失業等による特例」によるものだ。離職票または雇用保険受給資格証の他には、次ページの図にあるものを持っていけば手続きがスムーズにいく。

退職後に年金、健康保険、失業保険の申請時に持参すべきもの

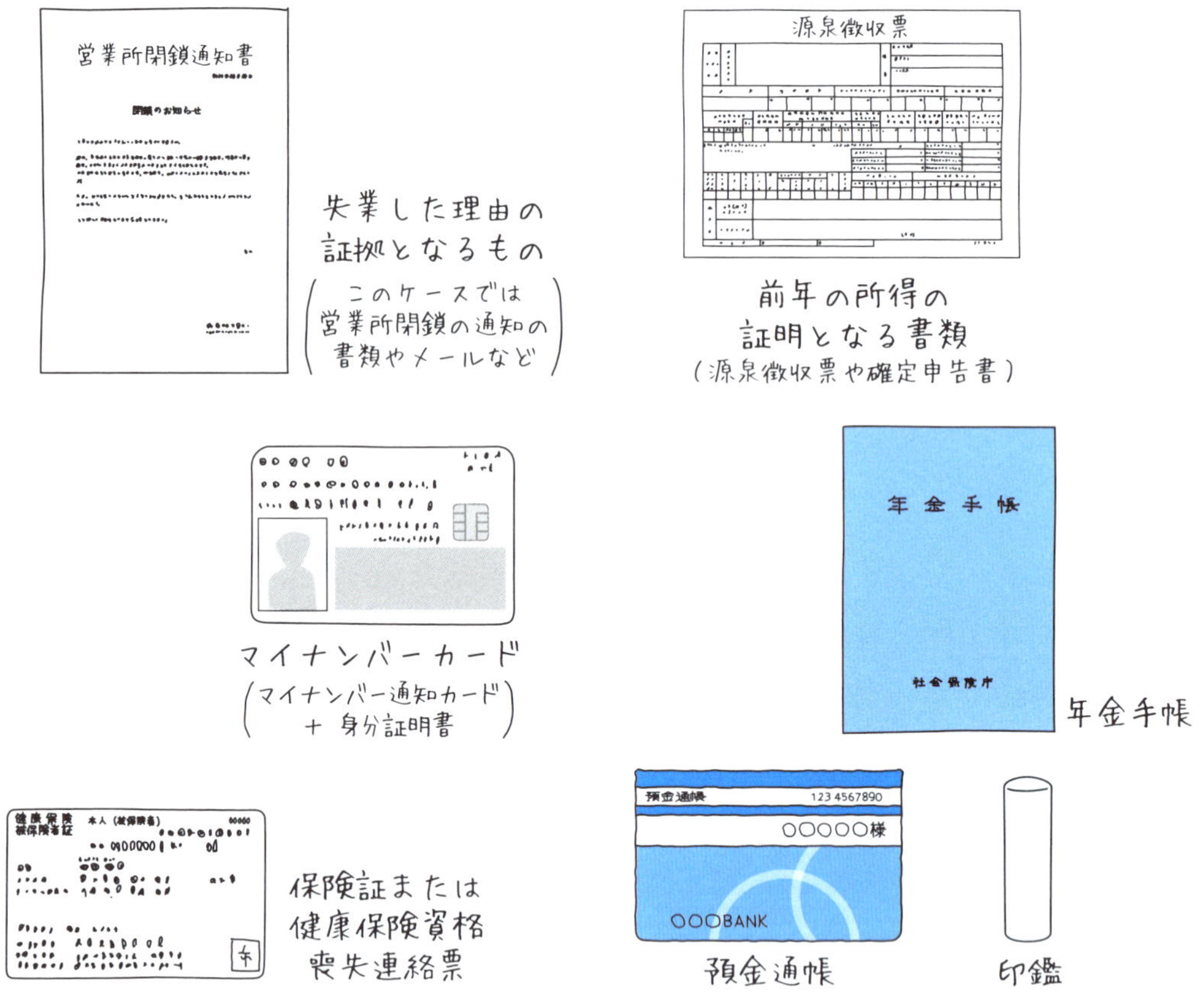

ハローワークへ行って雇用保険受給資格証を作成する

離職票が発行されたら**ハローワーク**へ行って手続きを行い、**雇用保険受給資格者証**を作ろう。このとき、ハローワークの人に事情を話して離職コードが自分の状況に合っているかを確認してもらおう。

事例では、書類上は自己都合退職になっているかもしれないが、やむを得ない理由として事実上、会社都合退職と同じ条件で失業保険を給付される可能性が高い。自己都合退職よりも会社都合退職のほうが失業保険を給付される条件がよいため、「営業所閉鎖が退職のきっかけで、転勤を打診されたが通勤時間などの条件が合わなかった」と証拠を見せながら伝えよう。

Column

人間関係も実は見えない資産

言語聴覚士という仕事柄もあってこれまで多くの方に会ってきたが、その中で感じているのが「人間関係が良好だと回り回って人生が豊かになる」ということだ。

これは必ずしも家族や親戚付き合いを大切にすべき、という意味ではない。確かに家族で暮らすと生活費は節約できるかもしれないが、それで多大なストレスを感じたり誰かがずっと犠牲を払ったりする状況では、結局後でトラブルが生じる。

筆者が言語聴覚士の仕事を通して出会うのは、病気や障害に直面したことで今まで思い描いていたのとは違う人生を歩むことになる（あるいはなった）人たちだ。それもあってか、良くも悪くもそれまでの人間関係が浮かび上がってくることはよくあることだ。

そのような状況を観察していると、良好な人間関係を作れる人は自分でできるだけのことはしつつも、限界がくる前に他者からの支援や公共のサービスなどを上手に取り入れ、さらに趣味などの自分の時間も充実させていることがわかる。また、他人からの期待や信頼にも誠実な対応をするが、時には「仕方ないよね」とそれまでのことは感謝しつつ、状況に応じて付き合い方を変えることもいとわない人だった。

こうした態度は日本の社会ではマイペースでわがままに見えるかもしれないが、不思議とこのような人の周りには緩やかなつながりが存在する。そして、いろいろ大変なことはあっても、「それはそれ」と本人も家族も暮らしを楽しむ様子を見るにつけ、「あ、これでいいのか！」と腑に落ち、それまで抱いていた人生への不安が少し軽減された。

自分や夫の経験からも発達障害の特性が強い人ほど、この「適度に他者とつながる力」と同時に、「適度に他者から離れる力」もないと行き詰まることは目に見えている。発達障害の当事者は生きるために必要最低限の社会参加をしつつも、より充実した暮らしを送るには社会の常識にとらわれないことだと筆者は感じている。

実は、筆者も夫も一般的な人付き合いは得意ではない。生活ペースも大半の人たちとは異なるため、近所の人たちからは不思議な夫婦と思われているかもしれない。それでも何とか暮らすことができているのは、不器用ながらも自分たちなりの形で人間関係を模索してきたからで、仕事の依頼などは人づてでくることが多い。

突き詰めれば、「自分の居場所を自分で作る」「お互いの世界を大切にできる範囲で付き合う」「ただし、社会に著しい不利益をもたらす行為を放置しない」といった一見当たり前のことを地道にできる人が豊かに暮らせる人なのかもしれない。その上で、お金はあくまでも生活を豊かにする手段のひとつにすぎない、と肝に銘じておこう。

病気になったときのことが不安になる

対策

- 保険加入の必要性を検討する
- 目的に合った保険を選んで加入する

事例　「保険に入ったら」と言われたけど……

先日実家へ帰省したら、母から「そういえばあなたの保険、どうしようか？」と突然話を振られ、「え？　そんなの入っていたの？」と面食らってしまった。

「いざというときのために掛け捨ての共済に入っていたのよ。でも、無事就職したので、解約するか、あなたに保険料の支払いを引き継いでもらおうと思って」と言われた。

正直保険料がもったいないと思うし、先日「会社員は健康保険だけで十分」という記事を読んだばかりなので必要ないなとも思ったが、考えてみると貯金もほとんどないし、万が一のことが起きたときに保険に入っていないのはまずいかも、という気になってきた。

今まで病気になったときのことなんて想像したこともなかったけれど、若くして大病を患うこともあるのか……と考え始めたらだんだん不安になってきた。他の人はどうやって備えているのだろう。

原因　社会保険制度の知識が足りない

テレビでも民間の医療保険やがん保険のコマーシャルなどが流れており、「病気になるとこんなに負担が増えるのか……」「やっぱり民間の保険にも入らないと！」と思ってしまうだろう。

不安になればなるほど「あれもこれも……」と入りたくなるし(特にASD特性が強い人)、周囲の人(特に親の世代)からは「貯金の代わりになるから」と言われるかもしれない。

　しかし、保険は本来起こる確率は非常に低いものの、とても自分の貯金からは賄えない事態（例：多額の賠償金を支払う）や突然収入が途絶える事態（例：急な病気やケガなどで長期間働けなくなった）といった「起こったら困る事態への備え」だ。

「そんなめったに起こらないこと、いちいち気にしていられないよ」（ADHD特性が強い人に多い）と思う人もいるかもしれないが、確率がゼロではない以上、対応策を知っておけば、いざというときに冷静に対処できる。**まず自分が利用できる制度を確認して必要かどうかを検討しよう。**

健康保険の種類

	対象者
組合保険	主に大企業や同業者組合に所属している人向け
協会けんぽ	主に中小企業の職員向け
国民健康保険	それ以外の人

解決法　自分が加入している健康保険を確認する

　最初にすべきは、**自分が持っている保険証を出して健康保険の種類を確認すること**だ。「え？　保険証に種類ってあるの？」と戸惑ったかもしれないが、健康保険は大きく、上の表にある3つに分けられる。それによって制度が変わるのでまず確認しよう。

　どの健康保険でも利用できるのが、

- 高額療養費制度
- 自立支援医療制度（精神科通院で指定医療機関のみ対象）
- 医療費控除（51ページ参照）

の制度だ。

　高額療養費制度は1カ月の間に一定額以上の医療費がかかると返金される制度だ。限度額は所得に応じて決まっており、4カ月目からはさらに限度額が下がる仕組みになっている（多数該当）。預金が少ない人は、高額療養費制度を利用しそうなときに「限度額認定証」をもらえば窓口負担も軽減される。

　自立支援医療制度は長期かつ高額になりがちな精神科の通院に適用され、申請すると指定医療機関では窓口負担が1割に軽減され、さらに所得による上限金額を超えた医療費は公費で負担される。

　「そうはいっても働けなくなったら……」と不安に思うかもしれな

高額療養費制度の仕組み

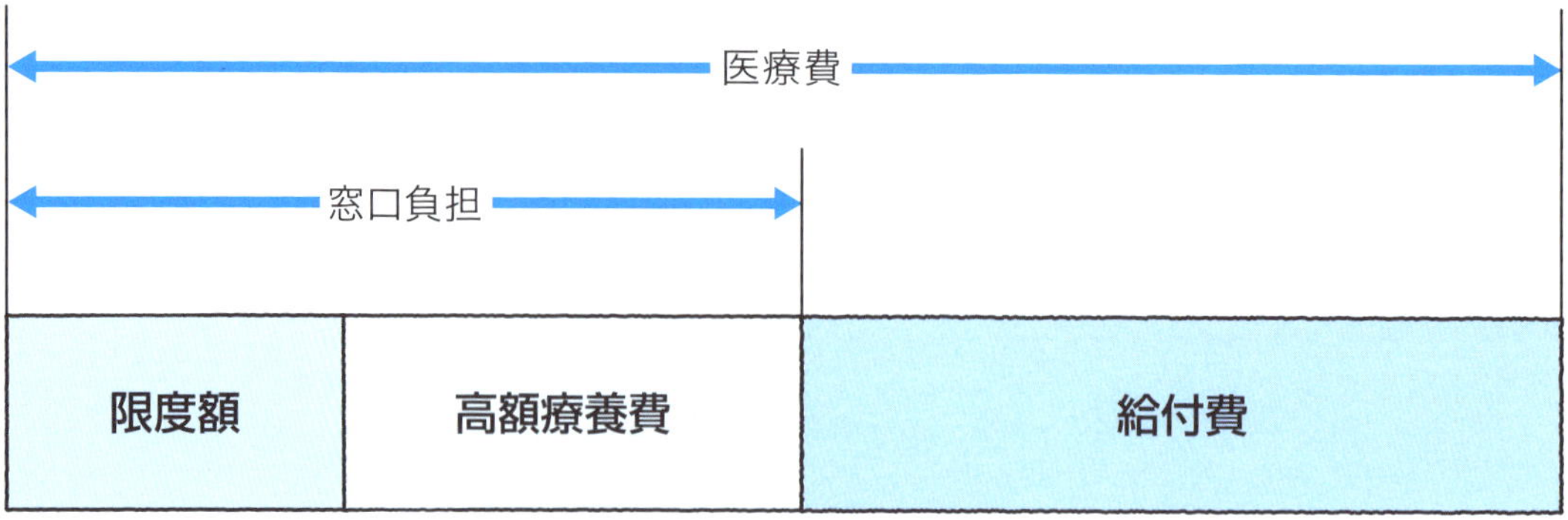

	自己負担限度額	多数該当
標準報酬月額83万円以上の人	252,600円＋(総医療費－842,000円)×1%	140,100円
標準報酬月額53万～79万円の人	167,400円＋(総医療費－558,000円)×1%	93,000円
標準報酬月額28万～50万円の人	80,100円＋(総医療費－267,000円)×1%	44,400円
標準報酬月額26万円以下の人	57,600円	44,400円
低所得者(市区町村民税の非課税者など)	35,400円	24,600円

(70歳未満の給与所得者の場合)

自立支援医療制度の負担額

所得区分	世帯所得状況	月額負担上限	「重度かつ継続」の場合の上限額
生活保護	生活保護を受給している世帯	0円	0円
低所得1	市町村民税非課税であり、本人の所得が80万円以下	2,500円	2,500円
低所得2	市町村民税非課税であり、本人の所得が80万円より上（80万1円以上）	5,000円	5,000円
中間所得1	市町村民税の納税額が3万3,000円未満	「高額療養費制度」の限度額が上限	5,000円
中間所得2	市町村民税の納税額が3万3,000～23万5,000円未満		10,000円
一定所得以上	市町村民税の納税額が23万5,000円以上	対象外	20,000円

いが、会社員なら有給休暇を利用できるし、組合保険もしくは協会けんぽに入っていれば傷病手当金という制度を利用すれば最長1年半、標準報酬月額の3分の2が支給される。

他にも会社によっては福利厚生制度の一環で収入保険制度などを設けているところもある。事務の人に確認すると教えてくれるから、自分がどのような制度を使えるかをあらかじめ把握することが大切だ。

このような公的な社会保険制度を利用すれば、かなり負担が減らせる。実は筆者も以前、傷病手当金を利用したことがあり、書類提出は少々面倒だったが毎月最低限の収入が保証されたのでかなり助かった。

申請には医師の診断書や各種書類が必要で、役所や年金事務所へ出向いて書類をやり取りする手間が発生するため、「また書類か……」（ADHD特性やディスレクシア特性が強い人に多い）とうんざりするかもしれないが、得られるメリットは大きい。一人でできなければ、家族や会社のスタッフ、役所の人たちに助けを求めよう。

保険加入の必要性を検討する

本やネットなどで調べてみると、FPや医師の中にも「最低限でいいから医療保険やがん保険に入るべき」と主張する人がいる一方で、「民間の医療保険はいらない」「あれは損するだけ」と述べる人もいて、「どうすればいいの？」と混乱するかもしれない（特にASD特性が強い人）が、それは**保険をどう捉えているかの違い**だ。

筆者の親族の中に50代で病死した人がいるが、民間の保険に入っていたおかげで医療費の心配をせずに治療に専念できたし、看病した親族のさまざまな負担の一部を保険金で補填できたので、この人に限れば保険のメリットは確かにあった。

しかし、大半の人はほとんど保険を利用しないまま保険料だけを払い続けることになる。基本的に民間の保険は、大半の人にとって受給額よりも支払額のほうが高くなる。これは相互補助的な保険の仕組み上、仕方ないのだが、できれば保険料を必要最低限の額にしたいところだ。

計算しないといけないとなると苦痛に感じるかもしれないが（特に計算LD特性が強い人）、98ページで触れたライフプラン表や貯蓄残高の見通しから必要な額はある程度推測できる。

たとえば健康保険の適用範囲での治療を1年間受けた場合の医療関係の費用は、高額療養費制度を利用すれば20代の人に多い所得層

主な民間の医療保険の種類

●終身医療保険

- 保障が一生涯続き、保険料も変わらない
- 保険料の支払いには終身払いと一定の年齢で支払いを終える短期払いがある

●定期医療保険

契約時に定めた一定の期間で契約が更新され、決められた期間（定期）に保険契約が終わる

●貯蓄型医療保険

一定の期間給付金の支払いがなかった場合、祝い金や健康還付金を支払うタイプ

●女性保険

通常発売している医療保険に女性固有の病気（乳がん、子宮がん、子宮筋腫など）について保障を上乗せしている医療保険

		保険期間	保険料	満期
終身医療保険		一生涯	一定	なし
定期医療保険		一定期間	更新するまで一定	あり
貯蓄型医療保険	終身	一生涯	一定	なし
	定期	一定	更新するまで一定	あり
女性保険	終身	一生涯	一定	なし
	定期	一定	更新するまで一定	あり

（年収370万円以下）の場合、1カ月当たり5万7600円で、多数該当になると1カ月当たり4万4400円となる。付加給付など会社独自の支援制度がある場合なら自己負担額はさらに減少する。厚生労働省が発表している医療給付実態調査によれば、1件当たりの診療費で最高額は約80万円となっている。患者負担は3割なので約27万円となるし、高額療養費制度などを使えればさらに負担は減る。

　高額療養費制度の対象外となる入院時の食事代や諸経費（看病に来る家族の交通費など）はかかるかもしれないので、それらの費用を考えて50万円前後を当面の目安額と見積もればいいだろう。つまり、病気になってもそのくらいのお金をすぐに出せるかが若い独身者が保険に加入する分岐点だといえる。

　事例では、「病気になるのは不安だけど、今は50万円を準備する

のは難しい」「出せない額ではないけれど、そのまま仕事を辞めた場合に困るかも」となれば、親が加入してくれた共済を継続し、貯金が増えたときに解約すればいいだろう。そして転職した、結婚した、子どもが生まれた、家を購入した、といった人生の変化が起きるたびに保険を見直していけばいい。

目的に合った保険を選んで加入する

国民健康保険加入者は傷病手当金制度を利用できないし、個人事業主（自営業や自由業）には有給休暇もない。働けなくなれば収入が途絶えるから、貯金や保険などで生活費も備える必要がある。

ただ、50歳前後までは病気やケガのリスクは相当低い。たとえば協会けんぽの傷病手当金受給者は平均で1000人当たり4・07人（2017年のデータ）で、50歳以下の平均はそれをさらに下回る（https://www.kyoukaikenpo.or.jp/g7/cat740/sb7200/sb7206/20180911）。計算が面倒なら、家計を見直して保険料分を払ったつもりで積立貯金をするのもいいだろう。

「ちゃんと正確に計算したい！」（ASD特性が強い人に多い）のならライフプラン表を使って必要保障額を検討する。算出方法は年間収支と貯蓄額をキャッシュフロー表から割り出し、現時点、15年後（さらに詳細に見るなら30年後）に万が一のことが起こったとき、収入が途絶えたときの保障を考える。

100ページでのライフイベントの例で考えるなら、独身の場合は車のローンを返済している間は万が一のことが起こったとき返済が滞ってはいけないので保険に加入し、返済が終わったら解約しても貯金から賄える可能性が高い。

しかし、結婚して子どもが生まれた場合は万が一のことが起こったとき、子どもが成人するまでの教育費や生活費の備えが必要だ。ライフプラン表をもとにおおまかに計算してみると、子どもが3歳のとき収入が多い親（多くの場合は父親）が死亡したら子どもが大学を卒業するまでの必要保障額は約3500万円、18歳のときなら約1700万円となる（遺族厚生年金を受給し、中学校まで公立とした場合）。必要保障額が貯金よりも多ければ、その間の備えとして収入保障保険など何らかの手立てを考えなければ遺族が路頭に迷うし、パートナーの老後資金も心もとない。

保険については共済（都道府県民共済や全労済、コープ共済など）や勤務先で加入できる団体加入保険あたりが保険料と内容のバランスが取れているし、不要になったときに解約しやすい。「みんなが入っているから」と決めるのではなく、**自分に必要なもの**を検討しよう。

緊急時にいくらぐらい必要かわからない

対策
- 失業保険が出るまでの生活費を確保する
- 制度の内容や仕組みを理解する

事例　人それぞれだとは思うけど……

親の介護をしている友人から、「いろいろな制度を使えるけれど、それでも、案外費用がかかるよ」という話を聞いて計画的に貯金しないと、という気持ちになった。

漠然と貯めるよりもいざというときの目安を調べて目標額を決めたほうがやる気も出るだろうと思い、ネットなどで調べてみたが、本当はいくらぐらいが妥当なのかわからない。

働き方や暮らし方、家族の人数などで違うのは当然だとは思うが、取りあえずの目標額はどう決めたらいいのだろう。

原因　生活費や支援制度を把握しきれていない

家計管理の本には必ずといっていいほど「緊急時に対応できるよう、ある程度の額を貯金しましょう」と書いてある。しかし、121ページでも触れたように、個々の事情によって保険の必要性や保障額が変わるように、緊急時用の費用も当然変化する。

そして目安額も本によってバラバラだから、「**いくら必要かわからない**」（ASD特性が強い人に多い）となるし、あまり多額になると「**万が一のことばかり考えていられない**」（ADHD特性が強い人に多い）となってしまう。

万が一のときを考えると、

- 病気になったとき
- 産休や育休を取得したとき

- 失業したとき
- 災害などで会社が操業停止したとき
- 家族の介護をしたとき

といった何らかの事情で収入が減る事態だ。118ページでも述べたように、このような事態に対してはさまざまな公的支援制度がある。しかし、それらの制度では賄いきれない費用が生じれば、当然蓄えを取り崩す必要がある。まずは自分にとって一番可能性が高い状況を想定し、それに備えた準備をしていくことから始めよう。

解決法 必要額を想定する

おそらく万が一のときを想定した際、一番当座の費用が必要なのは、**自己都合退職した場合**だろう。「失業保険が出るのでは？」と思ったかもしれないが、失業保

万が一のときとして考えられるケース

失業給付（基本手当）の給付日数

●会社都合（倒産、解雇など）により退職した場合

<table>
<tr><th>年齢／被保険者期間</th><th>1年未満</th><th>1年以上
5年未満</th><th>5年以上
10年未満</th><th>10年以上
20年未満</th><th>20年以上</th></tr>
<tr><td>30歳未満</td><td rowspan="5">90日</td><td>90日</td><td>120日</td><td>180日</td><td>－</td></tr>
<tr><td>30歳以上35歳未満</td><td>120※日</td><td rowspan="2">180日</td><td>210日</td><td>240日</td></tr>
<tr><td>35歳以上45歳未満</td><td>150※日</td><td>240日</td><td>270日</td></tr>
<tr><td>45歳以上60歳未満</td><td>180日</td><td>240日</td><td>270日</td><td>330日</td></tr>
<tr><td>60歳以上65歳未満</td><td>150日</td><td>180日</td><td>210日</td><td>240日</td></tr>
</table>

※受給資格にかかわる離職日が平成29年3月31日以前の場合は90日

●自己都合により退職した場合

年齢／被保険者期間	10年未満	10年以上20年未満	20年以上
全年齢共通（65歳未満）	90日	120日	150日

産休と育休の仕組み

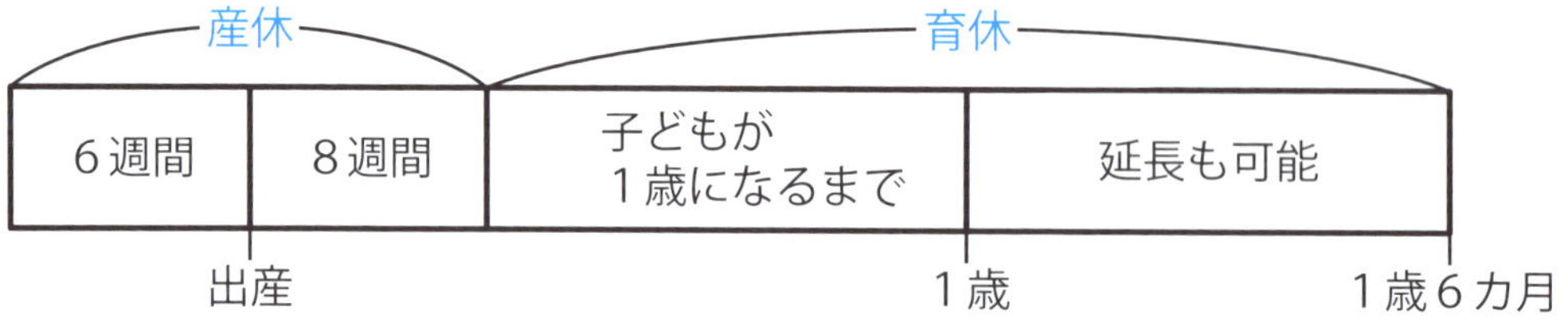

※次に該当する人は育休を取得できない
- 雇用された期間が1年未満
- 1年以内に雇用関係が終了する
- 週の所定労働日数が2日以下

失業（退職）したときの手続きフローチャート

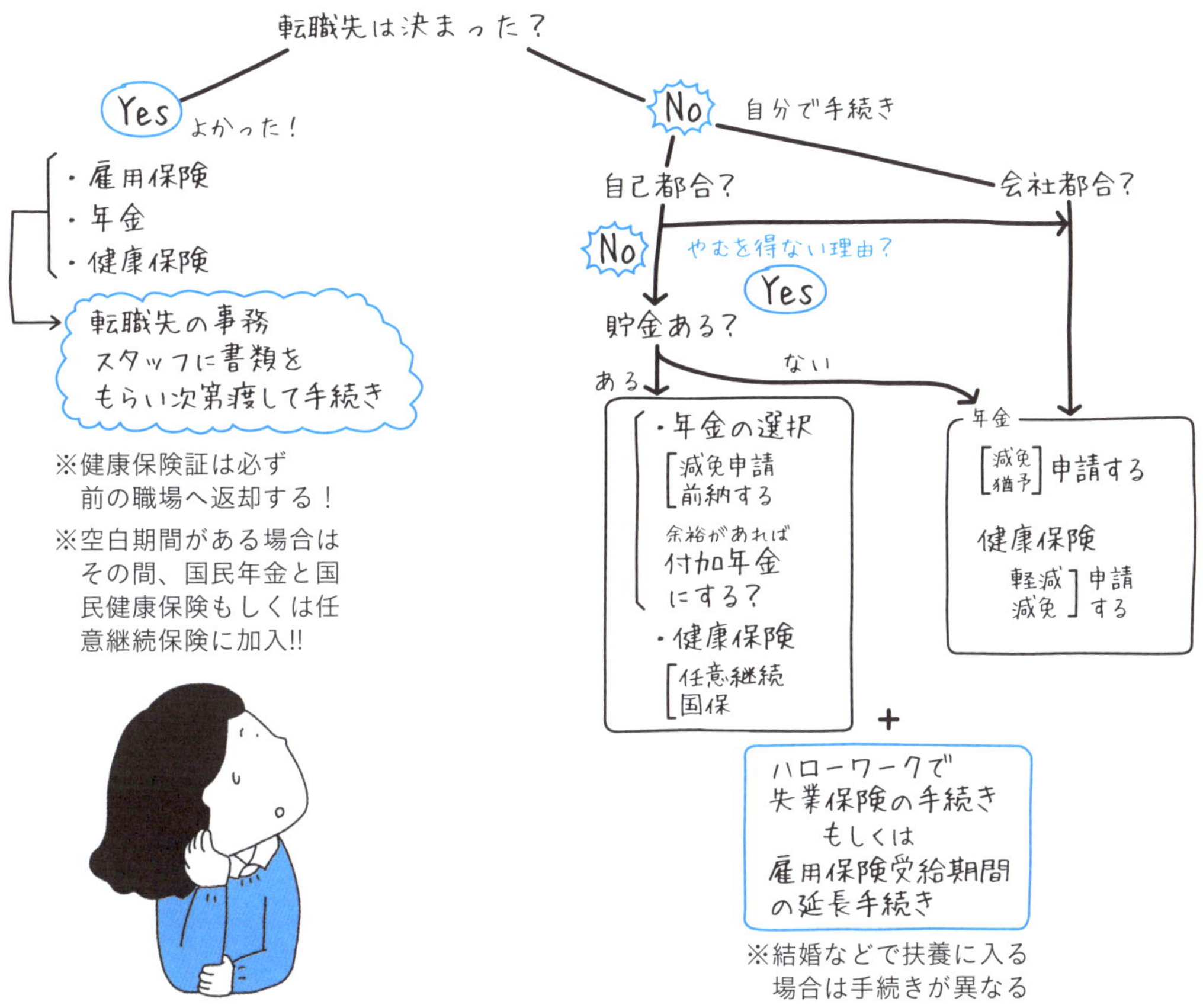

険は自己都合退職の場合には、求職申込み後7日間の待機期間＋3カ月の給付制限期間中は、失業保険を受け取れない。特に待機期間の7日間は働けない決まりになっている（給付制限期間中のアルバイトはあらかじめ届け出る必要がある）。

そうだとすれば、まず**失業保険が出るまでの約3カ月分の生活費を確保すること**が最優先だ。そうすることで失業保険受給までの不安が減少され、再出発への準備に集中できる。会社の社宅や寮にいる場合は退職したら住まいも引き払わないといけないから、これにプラスして転居費（引越し費用や新たに部屋を借りる場合は転居先の家賃、敷金礼金など）も準備する必要がある。

「いきなりそんな大金を準備できるかな？」（ASD特性が強い人に多い）と不安に感じたかもしれないが、退職金が出るならばもう少し貯金額を減らせるし、会社都合退職ならもっと早く失業保険が給付されるから、この想定よりも楽になる。あくまでも「まずはこのくらい貯めるに越したことはない」目安として考え、足りない場合は目標額として貯金していこう。

制度の内容や仕組みを理解する

125ページでも述べたが、失業や病気・ケガ以外では20代から40代の人は結婚や育児、30代から50代にかけては親や家族の介護が「この時期に起きる可能性はあるけれど、いつ始まるかわからない待ったなしの事態」といえる。

いずれにせよ制度などを利用できても収入が減って支出が増えるから、自助努力として一番現実的なのは**働き続けるための健康管理と貯金**だ。見通しが立たないことが不安要因になりやすい人（ASD特性が強い人に多い）にとってはこの上ないストレスなのだが、「大変かもしれないけれど、何とかなりそう」と少しずつ備えていくことをまず考えよう。

支援や制度についておおまかに分けると、

- 自助（健康維持や貯金、自力での対応・申請など）
- 共助（親戚や友人知人、近所の人や職場の人たちと助け合うこと）
- 公助（職場や自治体、国の制度や援助を受けること）

の3つになる。日本では公助は申請などの手続きが多いため、緊急の際は自助や共助にどうしても頼らざるを得ない面がある。事例の場合は、

- 自助→倒れた直後の母親の介護を担う、貯金を取り崩す
- 共助→家族で助け合う（両親や兄弟からの費用負担や申請手続き、介護の付き添いや交代など）
- 公助→会社の休職制度や健康保険・介護保険制度を利用する

といったことが考えられる。

この流れからもわかるように、待ったなしの事態が始まった場合、最初は自助の割合が大きいが、長期的かつ安定した支援を得るには家族以外の共助や公助を取り入れ、**少しずつ自助の割合を減らしていくこと**が大切だ。

発達障害の人の場合、特性上コミュニケーションに支障が出る場合が多いため（特にASD特性が強い人）、家族以外の共助や公助を利用することが苦手になりがちだが、自助だけでは限界がある。

自助にあたる部分（貯金や知識、健康管理）を備えつつ、職場や地域で利用できる共助や公助のサービスを少しずつ調べ、いざというときに相談するための目星をつけておくといい。

職場については基本的な法律（産休や育休、介護休暇や介護休業など）を調べておき、必要になったとき、「他に利用できる制度を知りたい」と上司や事務の人に相談するのが一番現実的だ。

また、育児や健康について困ったことがあれば自治体の家庭児童相談室や保健センター、介護については地域包括支援センターといった相談拠点がある。「緊急事態が重なって途方に暮れてしまった」場合は**民生委員**、「お金も底を尽きそう」となった場合は**生活困窮者自立支援制度**なども利用できる。

「いざというときは意外と利用できる制度があるのだな」「貯金があれば有料サービスも使えるからさらに選択肢が増えるぞ」と安心しつつ、平常時は自助でできる健康管理や貯金を優先させよう。

生活困窮者自立支援制度の支援項目

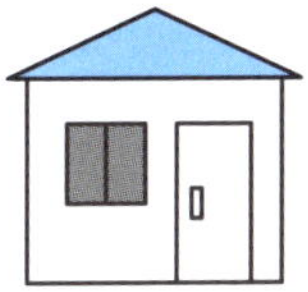
住居確保給付金の支給

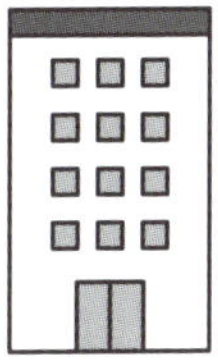
就労準備支援事業

自立相談支援事業

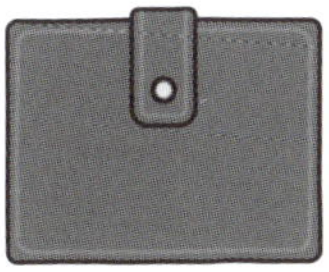
家計相談支援事業

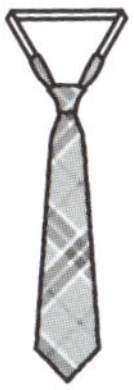
就労訓練事業

子どもの学習支援

災害の備えがよくわからない

対策

- ○自分でできる災害のための備蓄と予算を確認・準備する
- ○災害時の行動をシミュレーションしてみる

事例

防災の準備は必要だとは思うけど……

ある日総務から「災害時帰宅困難になった場合の状況確認」という書類が届き、「災害などで公共交通機関が動かないときでも帰宅を希望する事情がありますか?」「徒歩で帰宅する場合の時間とルートを記入してください」「オフィスに留まる場合、すぐに安否確認が必要な人はいますか?」「オフィスで宿泊する際、支障になることはありますか?」といった欄があり、同僚たちも「ええ?」とやや当惑気味だった。

配布した上司によると「東日本大震災で帰宅困難者が多数出たことを教訓に、災害が起きたときにどのくらい準備が必要なのかを事前に把握するため」らしいが、今まで徒歩で帰ったことがないし、オフィスに宿泊することなんて想像もしたことがなかったから、聞かれてもすぐには答えられない。

少し前にも台風や大雪などで通勤が困難になる場合はリモートワークで働けるよう徐々に整備する、という話も出ていたし、会社も本腰を入れて災害対策を考えている様子が伝わってきた。

自宅や通勤時でも被災することがあるだろうな、とふと思ったら今までまったく防災について意識していなかったと気づき不安になった。取りあえず書類を記入しないといけないが、それ以外に何をしたらいいのだろう。

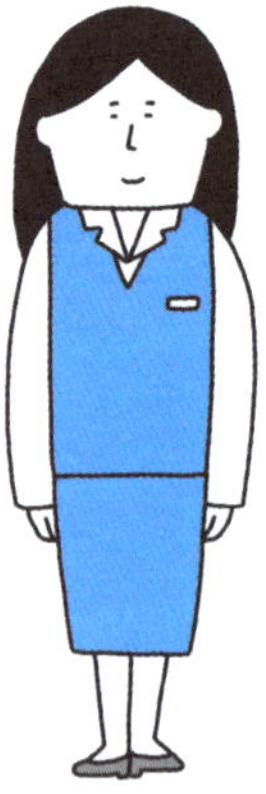

原因 災害時のシミュレーションが不十分

東日本大震災を契機に九都県市（東京、埼玉、千葉、神奈川および政令指定都市）では連携して帰宅困難者を支援する取り組みが始まり、東京都では努力義務として企業に災害時の備えをするよう条例を定めている。

その一環として企業には、「施設の安全を確認した上で、従業員を事業所内に留まらせること」「十分な量の3日分の水や食料などの備蓄」が求められている。

一方で要介護者や小児が家族にいる人は連絡手段を複数確保して安否確認を速やかに行い、必要に応じて施設や学校などに迎えに行く（もしくは避難所に合流する）手段を支援するといった対策が必要だ。そのため社内での状況を把握するための書類が届いたのだが、今まで災害時について考えていなかったため戸惑ってしまったのだ。

災害時では**感覚過敏でパニックを起こす**（ASD特性が強い人に多い）、**必要な情報に注意を向けにくい**（ADHD特性が強い人に多い）、**周囲の人にうまく助けを求められない**（ASD特性が強い人に多い）、といった発達障害の特性が出やすい場面でもある。普段と違う場面でもスムーズに行動し、少しでも日常生活に近い状況で暮らせるよう、徐々に準備を進めていこう。

解決法 自分でできる災害のための備蓄と予算を確認・準備する

「防災準備と言われても何から手をつけたらいいのかわからない」人は**東京都防災アプリ**（https://www.bousai.metro.tokyo.lg.jp/1005744/index.html）をまずスマホやタブレットにインストールしよう。防災に関する情報はもちろんだが、チェックリストやクイズなどもあり、防災について実践的な内容をわかりやすく理解できる。

まずはこのアプリの中の情報をもとに、職場と自宅を点検し、できる備えを始めていこう。いきなり全部をそろえるのは費用もかかるので、毎月500〜1000円前後の予算を目安に少しずつそろえていくといい。

会社の備蓄については簡易テントといった他の人にも役に立つ道具は購入してもらえるかもしれないので、上司や防災担当者にも「着替えや用を足すときにも使えるから」と相談してみよう。

感覚過敏（ASD特性が強い人に多い）がある場合、一般的な非常用セットに加えてデジタル耳栓やイヤーマフ（聴覚過敏対策）、サングラスや簡易テント（視覚過敏対策）、筆記具とメモ帳（文字でのやり取りのほうが理解しやすい人が多いため）を準備し、食べ慣れている食品（味覚過敏対策）、歯ブラシやタオル（触覚過敏対策）を切らさないようにするといい。

国立障害者リハビリテーションセンターにある発達障害情報・支援センターでは、発達障害の特性がある人向けの災害時の対応についてまとめているから参考にしよう（http://www.rehab.go.jp/ddis/）。

次に**ハザードマップ**（東京都以外はハザードマップポータルサイト https://disaportal.gsi.go.jp/index.html）で自宅周辺の地震や液状化現象、そして水害時の危険度もチェックしよう。賃貸住宅の人は今後物件を借りる際の参考にするといいが、「ハザードマップでは危険な場所だったけれど、すぐには引っ越せない」事情もあるだろう。

そのような場合は近くの避難所や逃げられそうな高台を確認する（古い神社仏閣は高台に立てられていることが多く、水害で水が到達した場所に石碑などが置かれていることがある）、玄関先などに取りあえず持って逃げる分の非常用セット（両手が空くリュックサックがお薦め）を準備しておこう。

また、火災保険（賃貸住宅なら家財保険）を見直して災害時の保険が適切かを検討するといい。高台に住んでいる、あるいは高層階に住んでいる場合は風害や地震などの保障を手厚くする、といった対策を立てれば無駄がない。不安になるといろいろ保障をつけたくなるが（ASD特性が強い人に多い）、住んでいる地域や住居の形態（一戸建てかマンションか）で優先項目を絞り込もう。

災害時の行動をシミュレーションしてみる

勤務中に地震で被災した場合は、家族に要支援者や小児がいなければ急いで帰る必要性は低く、むしろ慣れたオフィスで状況が落ち着くまで待機するほうが交通機関の混乱などに巻き込まれずに済む。

「東日本大震災でも何とか帰れたからきっと大丈夫」（ADHD特性が強い人に多い）と思うかもしれないが、地震に関しては自宅までの経路の交通規制や安全確認が終わるまでは待機するのが原則だ。

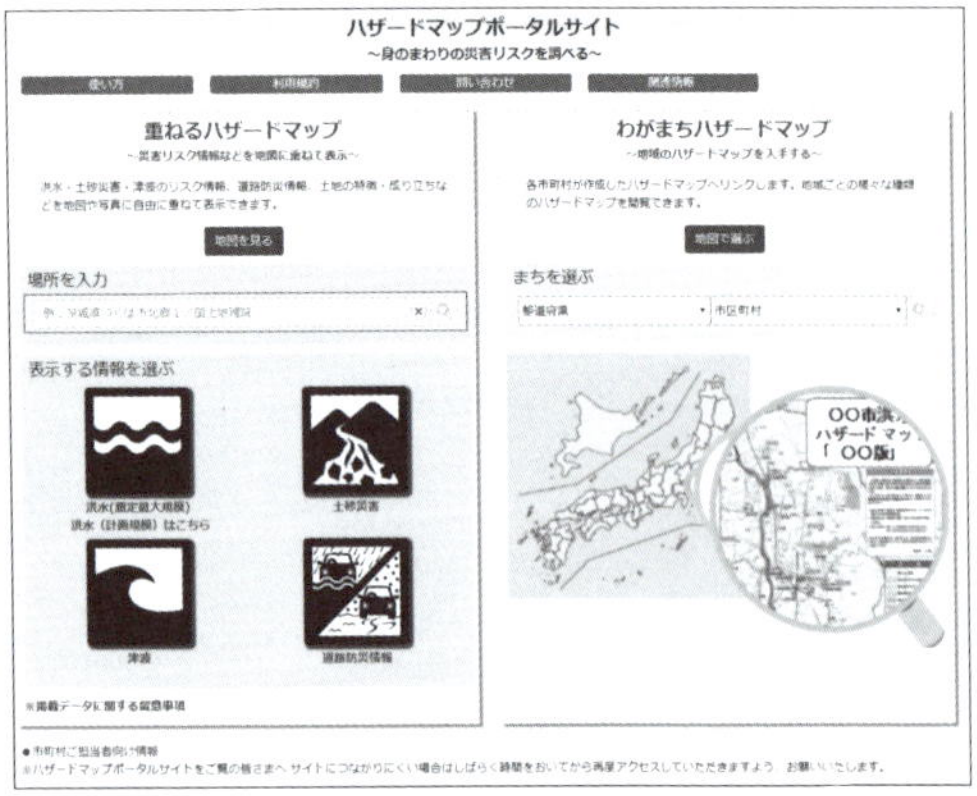

「ハザードマップポータルサイト」の画面

災害時に備えて用意しておくとよいもの

先に紹介した東京都防災アプリでもさまざまな状況でのシミュレーションができるから最初にやってみると自分の知識を確認できる。意外と思い違いをしていることもあるので、**さまざまな状況をチェックしてみる**といいだろう。

中には「体力には自信がある！」と徒歩による帰宅を考えている人もいるかもしれない（ADHD特性が強い人に多い）が、道路や橋が寸断され、倒壊された建物の破片や割れたガラスなどが道路をふさいで歩行困難なことは十分あり得る。何らかの事情があってオフィスに留まることができなかったら、躊躇せず帰宅支援ステーションやホテルなどを利用することも検討しよう。

災害時に見落とされがちなのが停電時の買い物だ。オンライン決済が使えず現金のみ利用可になることが想定できる。また、公衆電話も通話料は無料になるが、かける際は小銭（10円もしくは100円硬貨）が必要だ。そのため、災害用に小銭や千円札（店舗で釣り銭が不足するため、5千円札や1万円札は断られることがある）を準備しておこう。将来は停電時でもキャッシュレス決済ができるかもしれないが、当面は帰宅するまでの交通費とそれまでの飲食代（数千円程度）分の現金を準備しておくのが無難だ。

　また、大雨や大雪などで交通機関の混乱が事前に予測される場合は、変更できる用事は他の日に変えてもらい、交通機関が動いている間に帰宅する、制度が整っていれば出勤を控えてリモートワークに切り替える、といった対応も考えよう。

　災害が長期化すると手持ちの現金が不足してくる。口座を持っている金融機関窓口では身分証明書（運転免許証やパスポートなど）があれば通帳やキャッシュカードなどがなくても10万円（ゆうちょ銀行は20万円）まで引き出すことができる。ネット銀行では、コールセンターへの電話で本人確認ができれば一定額まで他の銀行へ振り込んでくれることになっている。

　住まいや家財が災害で被害を受けた場合は、自治体の窓口で罹災証明書や被災証明書の発行手続きをする。これは被災者支援を受けるための証明書で、火災保険や義援金の手続き、確定申告で雑損控除を申告する際にも必要だ。つい忘れがちな手続きだが（ADHD特性が強い人に多い）、罹災証明書の申請は手続きの期限（早い場合は1カ月以内）があるため早めに行おう。

助け合う準備をする

128ページでも述べたが、自助としてある程度備えをしていても、被災したら自力だけでは解決しないこともある。当然そのときは周囲の人たちと助け合う必要がある（共助）。

　東京都防災アプリでも身近な人に安否確認を知らせたり調べたりするための設定ができるので、あらかじめ設定しておこう。また、電子機器が電池切れや故障しても連絡が取れるよう、財布や定期入れ、よく使う手帳といった持ち歩くものの中に緊急連絡先のリストを入れておくといい。

　普段は携帯電話やSNSで直接家族や取引先の担当者などと連絡するため、家族の職場や取引先の総合受付（総務や人事など）をよく知らず、緊急時に本人たちへつながらないときにどこへ連絡すればいいかわからず困ることがある。慌てていると電話番号などを思い出せない（ADHDや計算LD特性が強い人に多い）、慣れない相手へ電話をかけるのが苦手（ASD特性が強い人に多い）といった人は事前に連絡先を調べてスマホへ登録し、家族にも自分の職場の連絡先などを伝えておこう。

「災害時自力ではうまく助けを求められないかも」と不安な人（ASD特性が強い人に多い）はヘルプマークを用意し、ヘルプカード（サポートカード）をあらかじめ記入してカバンの中に入れておこう。

ヘルプマークは外見からはわからないが援助や配慮を必要としている人たちが、周囲の方に配慮を必要としていることを知らせて援助を得やすくなるように作成されたマークで、交通機関の事務所や自治体などで配布されている。**ヘルプカード**（サポートカード）は障害がある人たちが災害時や日常生活の中で困ったときに、周囲に自己の障害への理解や支援を求めるためのもので、「普段は問題ないけれど、いざというときは不安」という人はこちらを用意しておくといいだろう。

自治体によってカードの様式や名称が少しずつ異なっており、本人の状況に合わせて防災手帳や緊急用のカードをホームページからダウンロードできるようにもなっている。自分が取り入れやすいものから試してみよう。

ヘルプマークとヘルプカード

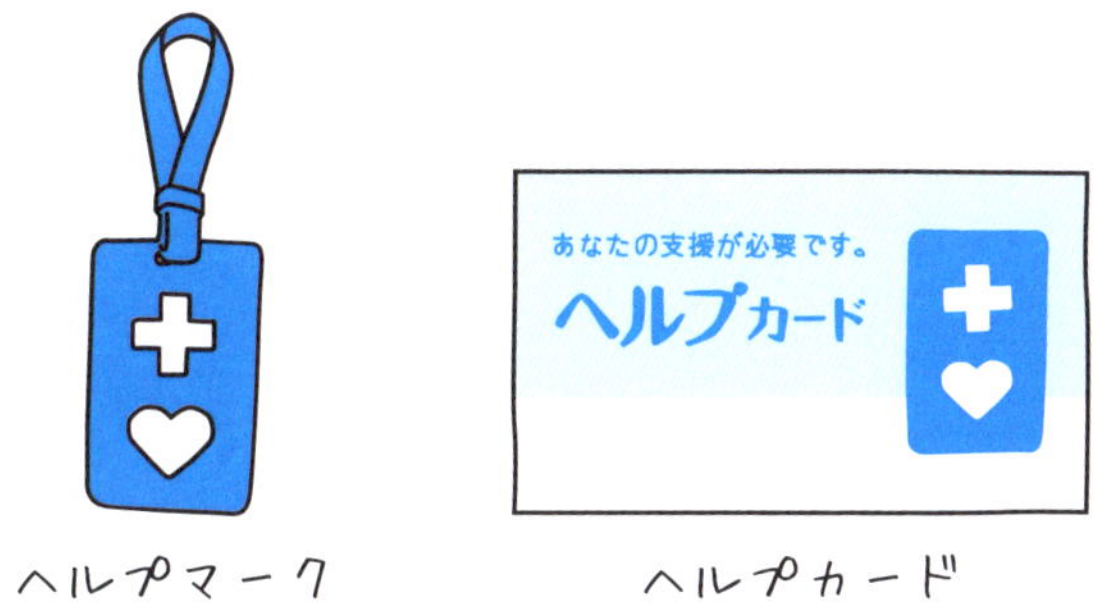

東京都防災アプリでは、身近な人に安否を知らせたり、調べたりすることができる

家族の介護や相続のことをどうすればいいかわからない

対策

- 介護休暇や介護休業制度などを利用する
- 家族で話し合う機会を持ち、家族の状況や希望を聞き出す
- 親との信頼関係を作る

事例 いつかは来ることなのだろうけど……

年末年始に実家へ帰省して久しぶりに両親と兄弟で新年を迎えることができた。あれこれ話をしていたら、両親から「そろそろ私たちも終活を考えていて、エンディングノートを書き始めたの。それと遺言書もちゃんと作成する予定」と言われ、さすがに驚いて兄弟と「ええ？　遺言書!?」と思わず同時に声を上げてしまった。

親はできるだけ自分たちで準備してくれるようだが、いざとなったらどうすればいいのだろう。

原因 介護や相続についてよくわかっていない

124ページでも触れたが、親の介護や相続は年を追うごとに現実味を帯びてくるし、同世代の友人知人からもそうした話題が出てくる。しかし、働き始めた頃だと自分のことに精一杯で、仕事などで接する機会がなければ、なかなか介護や相続のことまで想像がつかないのが現実だろう（特にASD特性が強い人に多い）。

「いつかは自分にも」と思っていても、そのときになるまで実感がわかないし、両親たちとも話しづらい話題だ。ただ、最近は事例のように両親が積極的に動いてくれるケースも増えたし、そこまではなくても、「自分たちにもしものことがあったら……」と心配している高齢者は多い。

「今考えてもわからないから、そのときに考えればいいんじゃない？」（ADHD特性が強い人に多い）

と思ったかもしれないが、あらかじめ親の希望を聞いて話し合うほうが後々安心だ。また、突然亡くなった場合は故人の遺志がわからず、遺族が途方に暮れることもある。

正面切って聞くのが難しい話題でもあるが、**折を見て「介護についてどう考えているのか？」あたりから少しずつ聞いてみる**といいだろう。

解決法 介護休暇や介護休業制度などを利用する

雇用保険に加入している場合、家族の介護については必要なときに取得できる**介護休暇**や**介護休業制度**がある。

雇用保険に半年以上加入していれば利用できる介護休業制度は1年に5日まで利用でき、「育児・介護休業法」によって定められており、時間単位または半日単位での休暇取得が可能だ。内容は直接介護（食事・排泄介助）以外の買い物や書類手続きなどの間接作業にも適用される。

雇用保険に1年以上加入していれば利用できる介護休業制度は、2週間以上の期間に常時介護が必要な対象家族を介護するための休業を指す。介護休暇と同様に育児・介護休業法により定められ、93日に達するまでに3回を上限に分割して取得することも可能だ。

ただ、こちらの場合は労務担当者が中心となって、介護休業開始日と介護終了開始日を決定し、会社への報告・手続きが必要となる。介護休業給付金制度（休業開始時の賃金日額×支給日数×67％）を利用するためには、事業主が所轄のハローワークに「雇用保険被保険者休業開始時賃金月額証明書」および「介護休業給付金支給申請書」を提出することが条件だ。「面倒だな……」と思ったかもしれないが（ADHD特性が強い人に多い）、介護休業中は基本的に無給扱いになるからぜひ活用しよう。

そして、介護休業の間にできるだけ介護保険などのサービスを利用する体制を作り、親族たちと協力することが介護離職を防ぐためにも重要だ。

家族で話し合い、家族の状況や希望を聞き出す

介護や相続で一番の懸念材料はお金の話だ。親に対して面と向かって「貯金いくらあるの？」と尋ねるのをあまり気にしない人（ASD特性が強い人に多い）もいるが、大半の人にとっては聞きづらい話題だろう。

しかし、介護が始まればそれなりの出費がかかる。公益社団法人生命保険文化センターが行った調査によれば、平均介護年数は4年

介護休暇と介護休業の違い

	介護休暇	介護休業
取得可能日数	対象家族1人当たり1年で5日まで ※2人超でも最大10日	対象家族1人当たり通算93日まで ※3回まで分割取得も可
賃金・介護休業給付金	• 賃金：会社の規定による • 介護休業給付金：対象外	• 賃金：休業中は無給 • 介護休業給付金：支給される
申請方法	会社によって規定が異なる	休業開始予定日と終了予定日を明確にし、開始日の2週間前までに書面などで手続きする

7カ月、毎月の平均費用は7・8万円となっている（https://www.jili.or.jp/lifeplan/lifesecurity/nursing/4.html）。つまり平均での負担額は1人当たり約500万円になる。

あまり両親とこの手の話題をしたことがなければ、テレビなどで介護の話題が出たときに「そういえば……」とさり気なく話を切り出してみる、「こんな本を買った」と参考になりそうな本を渡す、といったことから始めているといいだろう。

事例のように両親が積極的な場合はエンディングノートを作ってもらい、そこで判明した預金残高や保険金などの情報をもとに介護が始まった場合のキャッシュフローを一緒に作ってみるとわかりやすくなる（140ページ図参照）。

両親に十分な蓄えがあれば金銭面についての不安を減らせるが、貯金が少なければいずれ家族が負担することになるし、在宅介護が困難で高齢者向けの施設などへ移ればさらに費用がかかる。

他にも付き添いなど身の回りのことについても誰か一人にばかり負担がかかれば相続の際にもめる理由にもなる。少しずつ親の考えや方針を聞き出し、整理していくことが大切だ。

できれば現時点での資産（預貯金や不動産など）をおおまかに把握した上で、

- 介護認定の手続きや調整を誰が担当するのか
- 在宅での介護や延命処置をどこまで希望するか
- 銀行口座や保険、サービスなど（公共料金やプロバイダーなど）
- 親戚および友人知人たちへの連絡
- 葬儀やお墓について
- 相続について（遺言書など）

あたりは**機会があれば確認して**

おきたい事項だ。両親が記入してくれた場合はそれを確認しながら話し合い、親の希望を聞いていこう。また、遺言書などについては公正証書で作ってもらうと紛失の心配がないし、家庭裁判所での検認手続きも不要なので相続の際に遺族の負担を減らすことができる。

親との信頼関係を作る

残念ながら両親が「自分たちはまだ元気だから大丈夫！」「そんな話をするなんて縁起でもない！」といった反応をするようなら、まだこの手の話題に対して必要性を感じていない、もしくは「そうなったらどうしよう……」と恐れるあまり指摘されても素直に話したくない心境である可能性が高い。

お金の話や万が一の話は**信頼し合える関係を築けているか**が大切になるが、親にすると自分たちがかつて世話をしていた子どもたちに頼るという状況の変化を受け入れ難い人もいる。

その場合は機会があれば墓参りなど両親がしている年中行事に付き添う、高いところの掃除や不要品の片づけなどをする、といった少しずつ両親たちが負担に感じてきたことから協力するといい。まどろっこしいように感じるかもしれないが（ADHD特性が強い人に多い）、親たちも子どもに何をどう頼ればいいのかわからない場合も多い。ついやってしまいがちな自分が知りたいことばかりを聞く（ASD特性が強い人に多い）のではなく、**相手が何を望むのかを聞く姿勢を養う**練習のつもりで取り組んでみよう。

家の中の様子が少しずつわかることで、どこに何があるか、誰と親しく交流しているか、何に困っているかが徐々に整理されていく。それをわかる範囲で記録し、足りない情報を徐々に両親と確認することで次第に話してくれる可能性が高い。

同時に少しずつ自分の緊急連絡先や銀行口座（銀行名と支店）などについてリストをまとめておき、折を見て「万が一のリストは作ってあるから」と伝え、「子どもがしているのなら自分たちも」とその気になってもらうことも必要だ。

介護・相続キャッシュフローの例

（単位：万円）

西暦	父	母				支出						年間収支	貯蓄残高
			父年金	母年金	合計	税金（自払）	社会保険	生活費	住居家具	介護	合計		
2018	70	65	240	60	300	12	5	200	60		277	23	2,500
2019	71	66	240	60	300	12	5	200	100		317	-17	2,483
2020	72	67	240	60	300	12	5	200	30		247	53	2,536
2021	73	68	240	60	300	12	5	200	30		247	53	2,589
2022	74	69	240	60	300	12	5	200	30		247	53	2,642
2023	75	70	240	60	300	12	5	200	30		247	53	2,695
2024	76	71	240	60	300	12	5	200	30		247	53	2,748
2025	77	72	240	60	300	12	5	200	120	94	431	-131	2,617
2026	78	73	240	60	300	12	5	200	30	94	341	-41	2,576
2027	79	74	240	60	300	12	5	200	30	94	341	-41	2,535
2028	80	75	240	60	300	12	5	200	150	94	461	-161	2,374
2029	81	76	240	60	300	12	5	200	30	94	341	-41	2,333
2030		77		180	180	10	3	150	30		193	-13	2,320
2031		78		180	180	10	3	150	30		193	-13	2,307
2032		79		180	180	10	3	150	30		193	-13	2,294
2033		80		180	180	10	3	150	30		193	-13	2,281
2034		81		180	180	10	3	150	30		193	-13	2,268
2035		82		180	180	10	3	150	30		193	-13	2,255
2036		83		180	180	10	3	150	120	94	377	-197	2,058
2037		84		180	180	10	3	150	30	94	287	-107	1,951
2038		85		180	180	10	3	150	30	94	287	-107	1,844
2039		86		180	180	10	3	150	30	94	287	-107	1,737
2040		87		180	180	10	3	150	30	94	287	-107	1,630

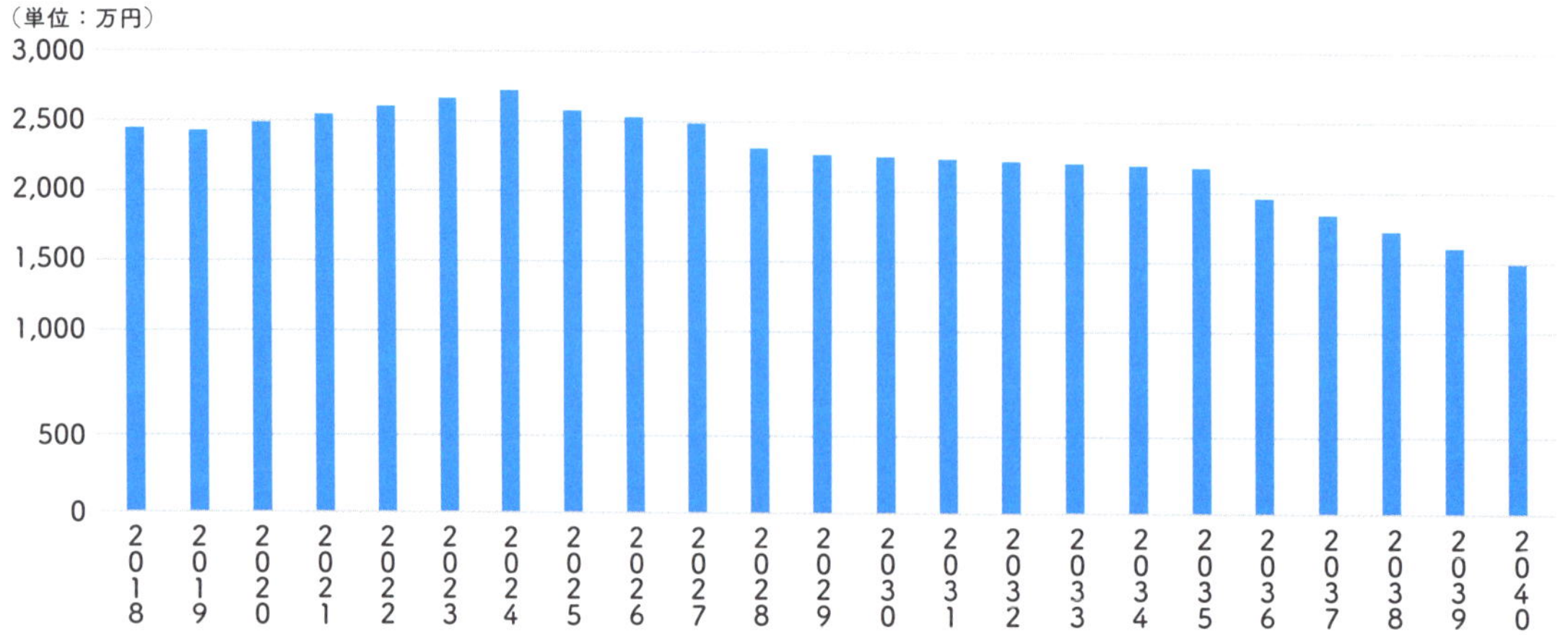

第6章

増やすときの「困った」を解決したい

資本主義のメリットを活用する

新しい優遇制度が始まったことで投資への関心が高まっているが、投資にまつわるトラブルも増えている。投資の長所と短所を知った上で投資先を検討しよう。

株価や長期金利のことがよくわからない

対策
- 景気についてイメージしてみる
- 株の仕組みを理解する
- 長期金利について理解しておく

事例 昔は株価や金利が高かったと言うけれど……

実家へ帰省していたある日、古い通帳を見つけた。「これ、今の○○銀行かな?」と何気なくページをめくっていたら、定期預金の金利が4・5%と書いてあり、目を疑ってしまった。

両親や祖父母たちは当然のような顔をして「昔はそれが普通だったのよ」「あなたが生まれる前の話だから知らなくて当然だよね。昔は株価が3万円以上だったこともあって、景気もよかったんだよ」「バブル景気の頃よね。その後に株価が暴落して、長期金利もどんどん下がっちゃって」と低金利時代しか知らない自分にとっては耳を疑うような話を聞かせてくれた。

話を聞きながら株価や長期金利、そして景気の話はニュースでは聞いていても意味をよくわかっていないから何となく聞き流していたことにいまさらながら気がついた。

株価や長期金利について改めて他人に聞くのも恥ずかしいが、そもそもどんなもので、どのように生活に関わっているのだろう。

原因 生活と株価や長期金利の関係に実感を持てない

ニュースで株価や長期金利について触れていても、大半の場合、「そういえば公民や現代社会の授業で聞いたことがあるな」と思う程度で、いざ「説明してくれ」と言われると戸惑ってしまう。

そもそも株価や長期金利がニュ

ースに取り上げられるのは、それが経済や景気といったお金の流れや人々の消費行動（買い物など）と連動しているからだ。しかし、金融関係の仕事をしている、株を持っている、といった特段の事情がなければ、大半の場合、「別に関係ないよな」と右から左に話が抜けていってしまうだろう。特に**回りくどい話や込み入った数字の話が苦手な人**（ADHD特性や計算LD特性が強い人に多い）、あるいは**「お金は汚いもの」といった思い込みがある人**（ASD特性が強い人に多い）だとなかなか頭に入りづらい。

　しかし、長期金利については預金金利はもちろんだが、住宅ローンのような銀行から長期にお金を借りる際の利息の指標となるため、生活と密接に関わっている。このところ投資に関するニュースが多いのも、預金金利がかつてないほど低いため「それなら今すぐ使わないお金の一部を投資に回し

景気がいいときのお金の流れ

消費（支出）の増加により、お金がスムーズかつ適切なスピードで循環している状況

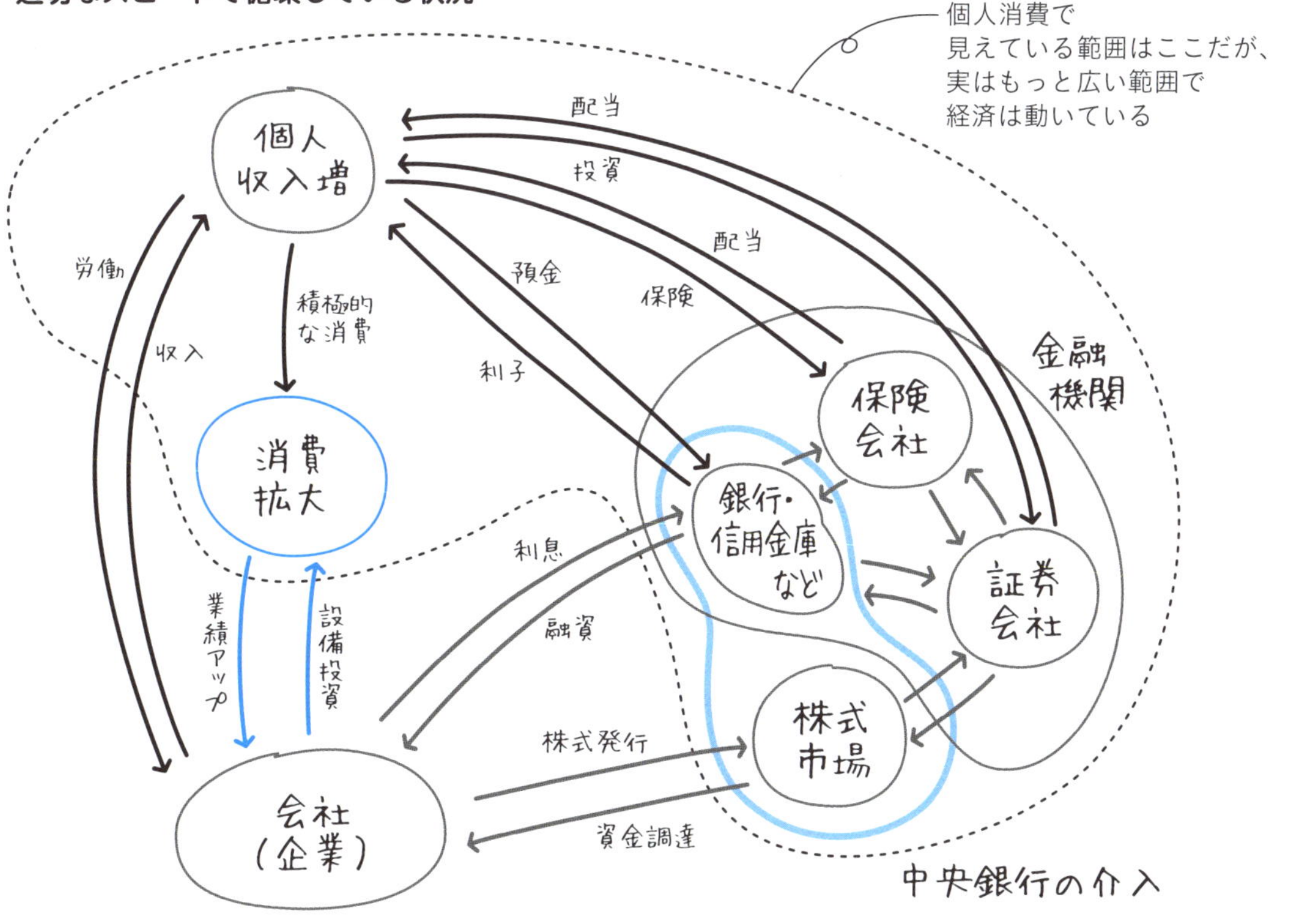

て少しでも増やそう」と考えている人が増えているからだ。

経済の仕組みをきちんと理解しようとすると統計などの数学的な感覚や知識が必要になるが、概要を理解するだけなら実感を持ちやすい話題から考えたほうがいい。事例でも祖父の古い通帳がきっかけで株価や金利の変化と景気の関係などに気がついた。

他人の話を聞くにしても概念的な話ばかりだと興味が持てないのなら、「祖父母が自分の年齢ぐらいのときの給料はいくらだったのか？」「時代によって景気がいい業界がどう変化しているか？」といった**具体的な話に置き換えてみる**といいだろう。

解決法 景気についてイメージしてみる

「日本は近年ずっと景気が悪い」と言われているが、30歳以下の世代からすれば、「そもそも『景気がいい』時期を知らないから比べようがない」と思うだろう。だから**景気がいいとどんなことが起きるのかを考える**必要がある。

景気がいいときはお金がスムーズに流れ、企業も売上増を見越して設備投資や社員への給与にも資金を投入する。それによって製品やサービスが向上すれば企業の業績が上がり、銀行からも融資の申し出がくる。会社の規模が大きくなれば事業拡大のために株を追加発行し、さらに上場すれば銀行や証券会社、そして個人投資家たちが株や外貨を購入する。

銀行、証券会社、そして保険会社や年金基金はこのような仕組みを利用して顧客から預かったお金や保険料を投資でも増やしているから、景気がいいと好条件の商品（金利が高い定期預金や満期の保証が充実した生命保険など）を販売する。当然株価も上昇するので企業にも資金が流れ、それも業績へとつながっていく。

景気がいいと物価が上昇するが、それを追い越すペースで収入も増える。以前筆者の父（1933年生まれ）の給料の変化を聞いたら、上京して働き始めた頃と比べて退職時の給料が10倍以上になっており、「そんなに給料がどんどん上がっていたの!?」と驚いたのを今でも覚えている。だから「何とかなる」とどこか明るく前向きな気分で過ごせていたのだ。

ところが物価上昇が人々の購買力を上回ると、「欲しくてもものが買えない」いわゆるインフレといわれる状態になってしまう。逆に人々がものを買わなくなるとお金の流れが止まり、今度はデフレとなる。そうなると社会が混乱してしまうので、適切なスピードで世の中にお金が流れるよう、政府が中央銀行（日本の場合は日本銀行）

を通して長期金利や為替（外貨と日本円の取引）、そして株価をコントロールしている（市場介入という）。

しかし、理論的には説明できても、適切なタイミングや規模で市場介入することはとても難しい。今の日本はバブル景気終焉後、いろいろ改善しようと多くの人が努力したが、世の中がかつてないほどのスピードで変化していることもあり、30年近く経っても対応しきれずにいる状況だ。

このようにお金の流れを考えると、これまでの章で触れてきたのは個人での視点という狭い枠組みだったことがわかり、暮らしと経済がより大規模につながっていることが見えてくる。そうはいっても社会は個人の集まりでもあるから、まずは自分が適度に貯金をしつつ消費や暮らしを楽しめる状態を作って経済に参加できるかを考えることが現実的だろう。

株取引のイメージ（上場企業）

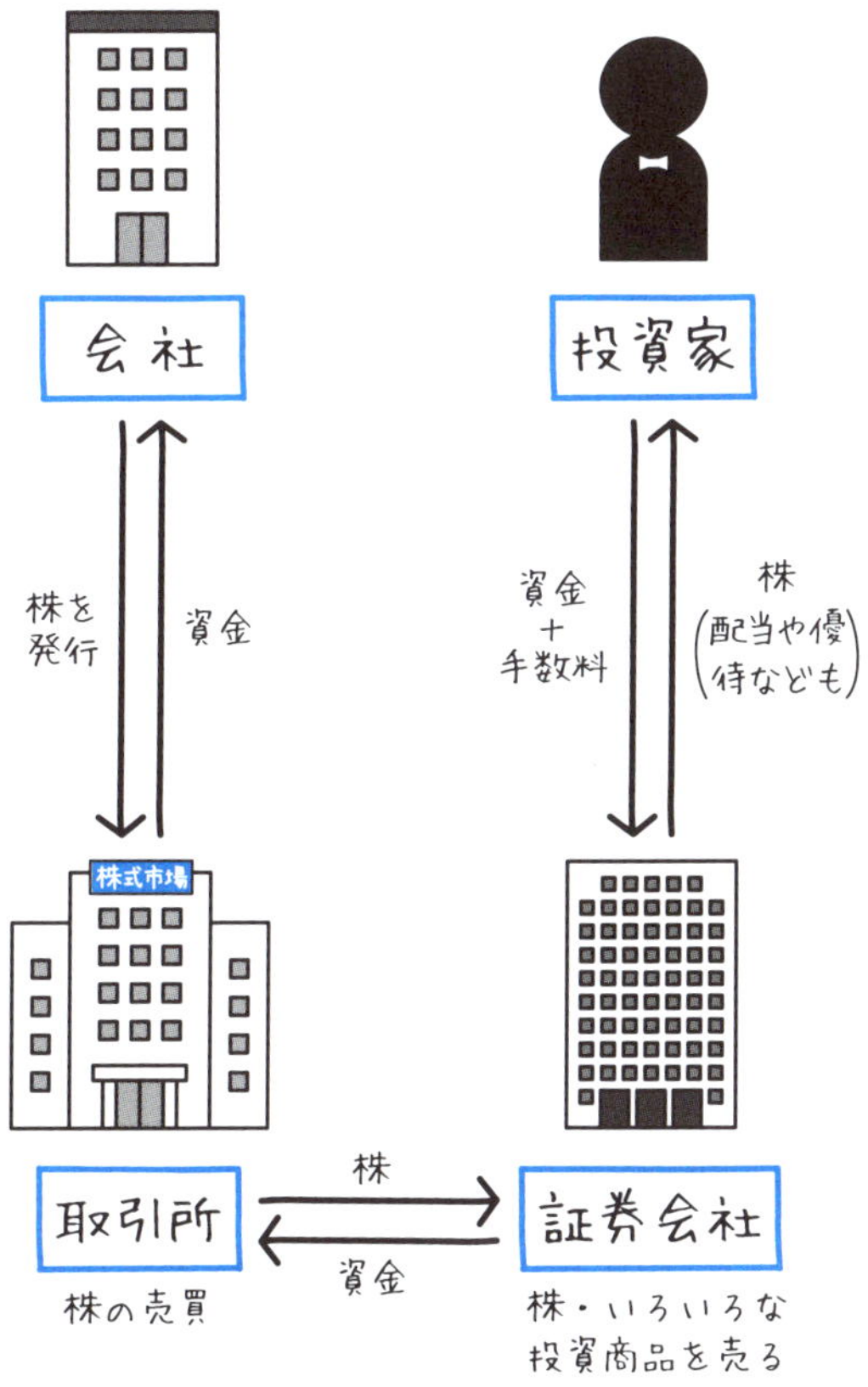

株の仕組みを理解する

会社員として働いている人たちの多くは株式会社に勤務しているだろう。株式会社といっても株式市場に上場している大企業から一人で起業してすべての株を社長が所有している会社までさまざまだが、基本的な仕組みは同じだ。

そもそも株は会社設立時や事業拡大時などに足りない資金を集めるために発行するもので、その会社に将来性を感じた人たちが株を購入して株主になり、会社は彼らから調達した資金で事業を行う。

会社の役員は株主から経営を委託される形になり、株主総会で毎年必ず経営状態について株主へ説明して承認を得たり、議事録を作成・保管したりする必要がある。一定割合以上の株主から経営陣の交代を求められたら役員はそれに従わなければならないし、株の譲渡による買収も起こりうる。

簡単にいえば、株を購入する＝お金を出してその会社を支援することなので、利益が出たら株主は配当をもらえるが、会社の事業がうまくいかず株価が下がったり、最悪倒産などすれば投資した資金は回収できずに損失となる。つまり、元本割れのリスクもあるのが銀行預金（円建てのもの）との違いだ。つい利回りや配当へ注意が向いてしまうが（ADHD特性が強い人に多い）、**リスクを考えながら投資計画を立てること**が必要だ。

一方で「元本割れするかもしれないから株はダメ！」（ASD特性が強い人に多い）と極端な考えになるかもしれないが、投資という仕組みがあるからこそ経済や産業が急速に発展したともいえる。

ITの普及によってネットで株取引ができるようになったことやiDeCo（個人型確定拠出年金）やNISA・つみたてNISA（少額投資非課税制度）の登場などで個人でも投資をしやすい環境になってきているから、やみくもに否定せず、勉強して自分が納得できる形の投資が見つかったら始めてみよう。

長期金利について知る

私たちの生活の中で長期金利で一番影響されるものといえば、普通預金の金利と住宅や車などのローン金利だ。このところの金利政策の影響で、大手銀行の金利が100万円預けても1年で10円前後しかつかないため、条件がそろえば同じ金額でも年利が1000円ほどになるネット銀行へ預け替えをする人が増えている。住宅ローンも銀行が盛んに借り換えキャンペーンを実施しており、手数料を払っても借り換えたほうが総額が安くなる、と目ざとい人は借り換えを実行している。

長期金利は厳密には1年以上の満期の債権金利（日本の場合10年もの国債の金利）のことで、物価変動によって金利が上下する。

政府は中央銀行（日本の場合は日本銀行）を介して世の中に適度なお金の流れを作るべく金利政策などを実施しており、現在日本銀行から一般の銀行への貸出金利はマイナスになっている（つまり銀行側が日本銀行へ利息を払っている）。これは、銀行が自分の手元にお金を置くよりも個人や企業へ融資をして世の中にお金が回るようにしよう、というテコ入れ策だ。

企業は資金調達のために株を発行する、と述べたが、実際は株や売上げといった返済義務のない資金（自己資本）よりも、銀行などからの借入金の割合のほうが高いことが圧倒的に多い。

ちなみに倒産しづらいといわれている自己資本比率の目安は40

株式投資で得られる利益

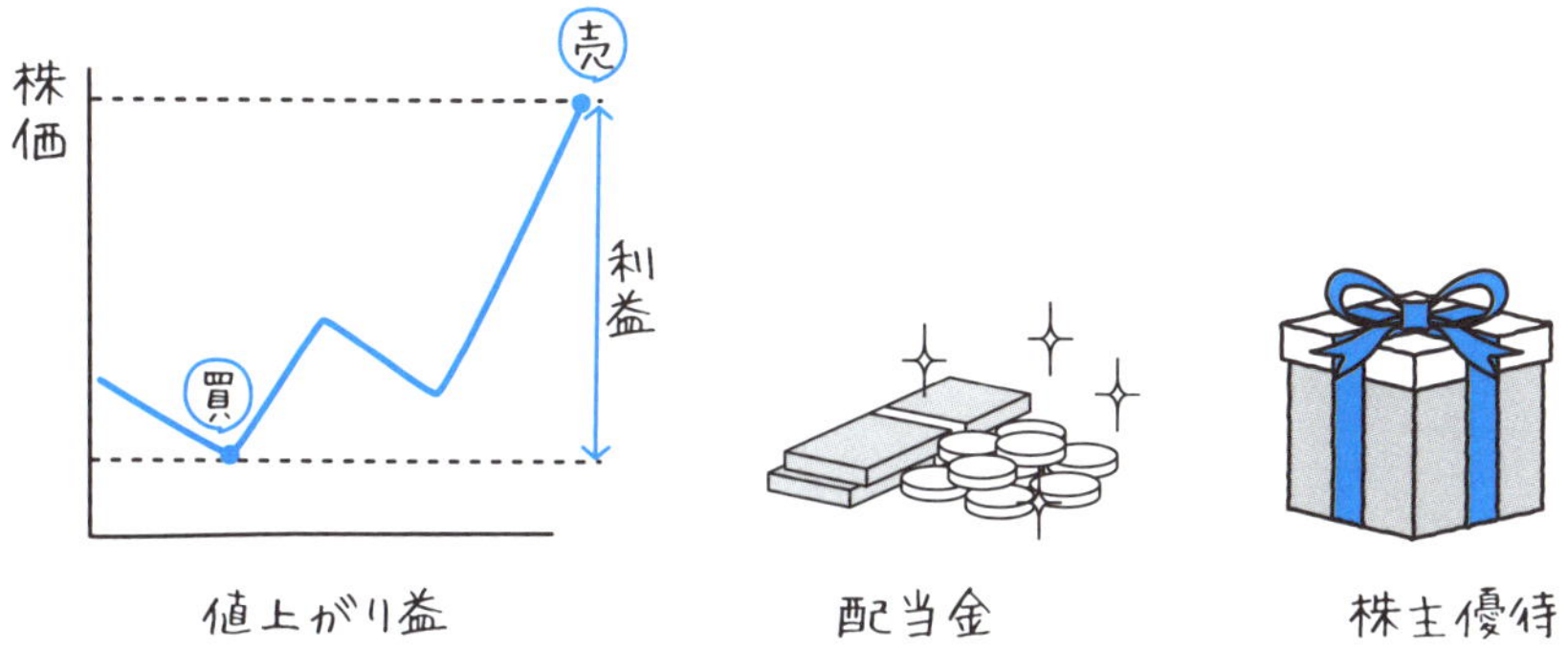

金利と株価の関係

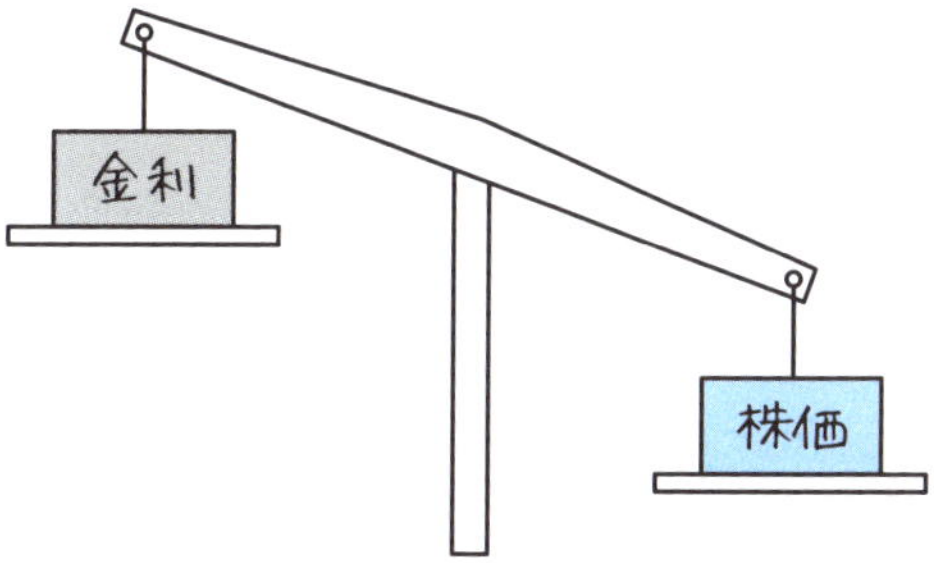

原則として金利が上がると株価は下がる

%、危険信号は10%以下なので、家計の感覚で考えたらビックリするかもしれないが、それだけ会社経営には金融機関からの融資（広い意味では投資）が必須なのだ。

「こんなに低い金利だと銀行に預けてもちっとも増えない……」とつい不満に感じてしまうが、政策を考える立場からすれば銀行から企業への融資をスムーズにすることで結果として企業の経済活動を活発にし、利益の一部が従業員の賃金や雇用へと回れば自然に消費も拡大されていくから次第に長期金利も改善されるはず、という見通しで行っているのだ。しかしながら、景気が悪いためか思惑通りになっていないのが実情だろう。

その性質が一番顕著に出ているのが景気や株価、そして長期金利に伴う資本主義経済の仕組みだ。特に投資は社会状況も含む未来の話だから**見通しが立ちにくい話**だというのは意識しておこう。

投資資金ってどうやって準備するの？

対策

○投資開始までの計画を立てる
○ポイントで投資体験をしてみる

事例 **投資の話題は気になるが……**

　仕事の休憩時間に控室のテレビでニュースを見ていたら、「老後資金は年金以外にも準備する必要がある」という話題を取り上げていて、一緒に見ていた他のスタッフも「あんなに給与からいろいろ引かれているのにね」「どうやって用意しろというのかしら？」と盛り上がっていた。

「やっぱり投資とかしないといけないね」「えー？　そんな余裕ないよ」「そうよね。でも、スーパーの株主優待とかちょっと気になっているの」と話は続いていたが、自分の休憩時間が終わったので「お先に」と声をかけて仕事に戻った。

　帰りに立ち寄った本屋で「老後資金準備」「投資入門」といった投資に関する本が平積みになっているのを見かけ、関心が高い話題なのだな、と改めて認識したがどうもピンとこない。

　ネット記事にも「投資は余裕資金でやること」と書いてあったから当面は無理だが、確かにこの低金利では積立貯金だけだとやや心もとない。どのくらいまで貯まったら投資を考えればいいのだろうか。

原因 **投資の前提ルールが曖昧**

　年金は退職後の生活にとっては大切な資金源だが、年金だけでは老後の暮らしが厳しいといった報道がされるたびに「じゃあ、いったいどうしたら？」と不安になるし、これについては経済評論家や

ＦＰがさまざまな見解を述べている。しかし、**人によって意見がかなり異なっているため、ますます混乱する**人もいるだろう（ＡＳＤ特性が強い人に多い）。

実は、今後のことは専門家でも過去のデータをもとに自分なりに予測した見通しを伝えているだけだ。当然何も知らない人よりは根拠がある予測だが、それがどこまで適切かは神のみぞ知る世界なので、どこまでその意見を取り入れるかは自分で決め、結果も自分自身で引き受けなければならない。

こと投資については、いつ利益や損失を確定させるかも自己決定の世界だ。投資に必要不可欠な**キッパリとした決断をする作業が面倒で先延ばしする**（ＡＤＨＤ特性が強い人に多い）、反対に「もしかしたらもっと利益が出るかも……」と**判断材料を考えすぎて決断できない**（ＡＳＤ特性が強い人に多い）と利益幅が減ったり損失額が増えたりしてしまう。

「予想が当たればいいのだから投資で確実に儲けられればいいのでは？」（ＡＤＨＤ特性が強い人に多い）と思ったかもしれないが、プロでも必ず一度は失敗するのが投資の世界だ。まずは日々の稼ぎと緊急時の貯蓄を最優先にする、借金があれば返済する、といった生活への備えに見通しが立ってから投資について考えよう。

解決法　投資開始までの計画を立てる

事例でも「当面は無理」と判断していたが、いきなり投資を始めるのではなく、まずは家計の状況と緊急時の貯金額、そしてローンやクレジットカード利用額など**借金や負債がどのくらいあるかを確認しよう**。実は老後で重要なのは貯金もさることながら、**負債がないこと**だ。

初心者向けの投資本や節約本に書いてあるのは、「稼ぎが第一」「生活を見直して貯金を増やす」「借金はしない」「保険は最小限に」といったことだ。どれも今までの章で触れてきたことだが、実はこれこそが投資を開始するための必須項目だといえる。

「貯金がないからしばらくは投資は無理か……」と落胆するかもしれない（ＡＤＨＤ特性が強い人に多い）が、投資をする場合、資産価値が一気に下がることがままある。たとえば現在の日経平均株価は2万円前後を推移しているが、リーマンショックの頃は一時7000円台まで下落した。だから下がったときを乗り切って再び資産価値が上昇に転じるまで持ちこたえるためにも、予備の貯金はとても重要だ。未来の利益にばかり目を向けて足元の生活が崩れてしまっては本末転倒だ。

そのため投資を始める場合は、127ページで述べた目安となる生活費の3カ月分よりもさらに多額の予備費を準備する必要がある。生活費の半年分を目標に貯金を積み立て、できるだけ投資した株を保有して、将来利益を出しやすい環境を整えよう。

投資の種類を知る

投資というと株取引ばかりに目がいきがちだが、他にも国債や政府保証債、地方債、社債といった**債券**や**貯蓄型保険**、**為替取引**（外貨預金やFXなど）、**不動産投資**、**先物取引**、**仮想通貨**などがあり、銀行預金も利子を期待しての投資ともいえる。

この中でも元本保証されているものといえば銀行預金と個人向け国債で、元本保証に近いものが地方債だろう（ただし、定期預金や債券は満期以前に解約すると元本割れすることがある）。

そのため、リスクがない投資として真っ先に挙げられるのは銀行預金と変動タイプの個人向け国債のことが多い。

他のものはすべて元本割れのリスクがあるが、その中でも株は選択肢が豊富なことや比較的現金化しやすいこと、そして取引手数料などを引いた利益が預金より大きいことで、リスクがある投資の対象として筆頭に挙げられる。

個人投資の場合、銀行預金、国債、株（投資信託なども含む）といったものを組み合わせて少額ずつ長期にわたって積み立てることで、インフレや元本割れのリスクを減らすことが原則だ。そこに多少リスクがあってもいい（ADHD特性が強い人に多い）、リスクはできるだけ避けたい（ASD特性が強い人に多い）といった自分の特性を加味して割合を変えていくことで自分に合った投資を組み立てていく。

株の購入は証券会社に口座を開設することから始まる。今はネットでできる個人向けの証券会社がたくさんあるので、手数料や優待条件などを比較し、投資を始める時期になったら自分が利用しやすい証券会社に口座開設を申し込もう。証券会社の口座ができて銀行口座からお金を振り込んだときから株を買うことができる。

「どの証券会社に口座を作ればいいの？」と思ったら（ASD特性が強い人に多い）、将来iDeCoやNISA（つみたてNISA）を開始したいと思う会社の口座を選ぶといいだろう（参考：iDeCoナビ https://www.dcnenkin.jp/）。

「それでも自分は株式投資には抵抗がある！」（ASD特性が強い人に多い）人は、リスク資産なしの生活設計を提案している人が書いた本やウェブサイトなどを参考にするといいだろう。

ポイントで投資体験をしてみる

「毎月ギリギリの生活ですぐには投資資金を捻出できないが、興味があるから始めてみたい！」人（ADHD特性が強い人に多い）や、「元本割れする可能性があるからいきなりは怖い」人（ASD特性が強い人に多い）は、利用しているクレジットカードやポイントカードの**ポイントで投資体験ができないか調べてみよう。**

　このところ「少しずつ投資を試してみたい」人向けにポイントで投資できるサービスがいろいろ登場している。今は積立型の投資信託タイプが中心だが、サービスによっては特定の銘柄を購入できるものもある。「期限が切れそうだけど、今のところこれといった使い道がない」というポイントを利用するにはまさにうってつけだ。「ポイント投資＋比較」といったキーワードで検索するとサービスの説明が出てくるので確認しよう。

　筆者ものは試しと少し前からポイント投資を始めた。筆者の場合、100ポイント単位で始められる上に手数料が無料でかつ以前から検討していたETF（上場型投資信託）に近いコースがあったことが始めた理由だ。

　サービスによっては利用料が有料だったり手数料分のポイントを引かれたりすることもある。内容を比較して「これなら」と思うサービスを選ぼう。

　投資体験をしてみると今まで以上にニュース記事や株価、為替の変化に注意が向くようになり、「この影響で株価が下がるかも」「円高になったからガソリンの価格も変わるかな」と実感を持ってわかるようになる。

　一方で投資を始めてみると予想以上に株価が変動していることがわかるし、その数字に一喜一憂する（ASD特性が強い人に多い）こともあるだろう。その場合、株価の変化＝自分の価値評価の反映と捉えてしまい、必要以上に状況に感情移入していることが多い。

　他の場面でもこのような感覚に陥りがちなら、「数字や成績はひとつの切り口にすぎないし、それで自分の価値は決まらない。もっと人間は複雑だ」と言い聞かせ、現状に対して淡々と判断を下して対応する練習だと思って取り組めば日常生活にも活用できる。投資を通して自分がどんなことを身につけられそうかも考えて検討するといいだろう。

主なポイント投資サービス

- dポイント
- Tポイント
- 楽天ポイント
- pontaポイント
- 永久不滅ポイント

投資で年金を増やせると聞いたけど？

対策

- iDeCoについて調べてみる
- NISAやつみたてNISAの利用を検討する

事例

父たちは熱心に勧めてきたが……

先日実家へ帰省して両親や兄弟たちと近況を話していたら、父が「そういえば、最近はサラリーマンでも投資で年金を増やせるんだってな？」と兄に話しかけ、金融関係の仕事をしている兄が「ああ、iDeCoのこと？　いろいろ条件がいいから話題だね。ただ、手続きが面倒で、開始まで時間がかかるけど」と返事をしていた。

「iDeCoってニュースでは聞いたことがあるけれど、会社でもやっている人はいるのかな？」と思いながら話を聞いていると、父から「投資の勉強のつもりで今からやってみたらどうだ？」と言われた。

その後、兄がいろいろ教えてくれたが、はじめて聞く話ばかりで今ひとつ腑《ふ》に落ちない。最後は兄も「まだ引越しや車の買替えといった緊急時の貯金が少ないようだから、まずはそれを増やしてからだな。100万円くらい貯金ができたらまた相談してくれ」と半ば諦め顔でさじを投げていた。

親切に教えてくれた兄には申し訳なかったが、そもそも年金や投資について今まで興味関心がなかったから、面倒な手続きをしてまでiDeCoを始める必要性が正直よくわからない。なぜ父や兄はそんなに熱心に勧めてきたのだろう。

原因

年金制度をよく知らなかった

このところニュース記事で年金の話題が多く、2017年から第2号被保険者であるサラリーマンや公務員も利用可能になった**iDeCo**（個人型確定拠出年金）についても主婦向けの雑誌の節約特集などで少しずつ取り上げられるようになった。

　この制度が注目されている理由は、

- 掛け金が全額所得から控除される（つまり翌年の住民税や所得税が安くなる）
- 運用益が非課税になる（通常は20%課税される）
- 受取時にも年金や退職金の場合と同様、控除対象になる

ことだ。そのため「老後資金の準備ができる上に家計への負担軽減にもなる！」と話題になり、金融関係や生活向けの雑誌などでもiDeCoの特集が定期的に組まれている。

「それじゃあ、限度額まで加入するといいよね！」（ADHD特性が強い人に多い）となるかもしれないが、掛金は60歳まで引き出せないため、急に大金が必要になったときに「あのお金がすぐに使えたら……」ということになったら元も子もない。また、条件によってはせっかくの優遇措置も効果が発揮されない。

「だとすると元本保証じゃないから損をする場合もあるし、あまりメリットはないんじゃない？」（ASD特性が強い人に多い）と思うかもしれないが、この制度のメリットは他にもある。

　今までの公的年金制度では転職や退職などで加入している年金の種類が変わると原則基礎年金（国民年金）の部分しか継続できなかったが、iDeCoなら積立てを続けられる。つまり今後起こりうる生活の変化にも対応しやすい。

　また、若いうちから始めることで投資の損失リスクも回避しやすくなる。iDeCoは「投資を始めようかな」というときの有力な選択肢になるので、どんなものか概略を知っておくといいだろう。

解決法　iDeCoについて調べてみる

　第1号被保険者や第2号被保険者の場合、自分や会社で上乗せしている年金（155ページの図のグレーの網掛け部分）があると加入条件が変化するので、まずは**iDeCoナビ**で自分の状況を確認しよう。掛け金の上限や加入手続き、諸費用（手数料など）について詳しい説明が掲載されている。

　中には「手続きが面倒」（ADHD特性が強い人に多い）、「一度始めたらいろいろ手数料がかかることに抵抗がある」（ASD特性が強い人に多い）と思った人もいるだろう。

　口座開設時の手数料（2777円）と毎月かかる手数料（最低167円、積立て休止時は最低64円）は最低でも

かかる。「最初の年は、3000円以上かかるし、その後休止することになっても毎年800円前後は手数料を取られるの!?」と投資をしていない人は驚くだろう。

確かにiDeCoは一般的な株取引に比べれば手数料は安く、信託報酬（利益が出たときに払う手数料）も低く抑えられている金融商品が多いが、優遇があるといっても無視できない金額だ。そのため、原則口座管理手数料が無料の金融機関を選ぶのが基本だ。

iDeCoナビのサイトでもどのくらい優遇されるかを計算できるので、「最低額の年間6万円で考えても所得控除のメリットはなさそう」となればiDeCo以外の選択肢を考えればいいし、「案外メリットがあるぞ!」となれば、149ページで述べたような投資開始までの計画を立てる、投資の種類を知る、といった準備を始めていこう。

他の優遇制度を検討する

実は税制上の優遇措置があるのはiDeCoだけではない。第2号被保険者と第3号被保険者は**NISA**もしくは**つみたてNISA**という少額投資非課税制度を利用できるので、「60歳まで解約できないのは何かあったとき不安」（ASD特性が強い人に多い）な人は先にこちらを検討してもいいだろう。

毎年の限度額はNISAが100万円、つみたてNISAは40万円で、取引時の手数料もかなり安く抑えられており、利益にかかる税金が期限付き（NISAは最長5年、つみたてNISAは最長20年）だが非課税になる。

NISAの口座は通常のNISAもしくはつみたてNISAのいずれか1つしか選べないが、投資初心者向けの商品が厳選されているのはつみたてNISAなので、まずはつみたてNISAナビ(https://www.tsumitatenisa.jp/)を参考に金融機関や手数料、商品などの条件を検討してみよう。

どちらを選んでもiDeCoは利用できるから、余裕が出てきたら老後資金はiDeCo、必要なときに解約する分はつみたてNISAといった使い分けをするといい。

第1号被保険者だとさらに選択肢が広がり、付加年金、国民年金基金、小規模企業共済といった制度も利用できる。わが家は夫婦とも第1号被保険者なので、現在夫は付加年金と小規模企業共済、筆者は付加年金に加入している。

いずれもiDeCo同様、掛け金を全額所得控除されるため、「国民年金だけでは老後が不安だけど、iDeCoは抵抗がある」（ASD特性が強い人に多い）、「小規模企業共済だと万が一のとき、掛け金に応じて好条件で融資してもらえるのはい

iDeCoのメリット

付加年金や国民年金基金、小規模企業共済

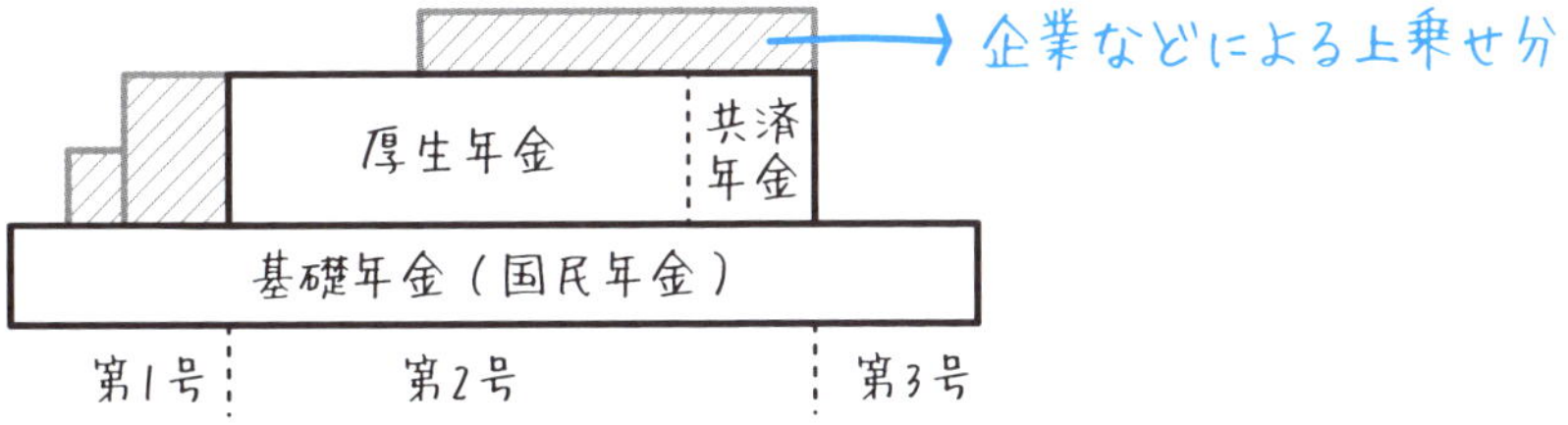

今までは退職や転職で年金の種類が変わると
部分が原則継続できなくなっていた

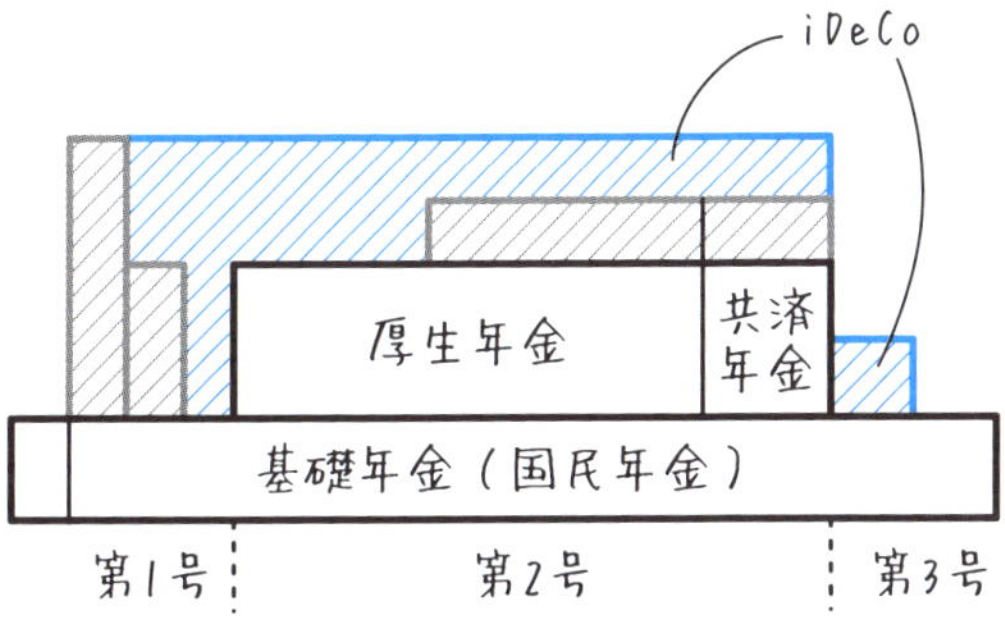

iDeCo は
退職や転職後も
原則継続可能
↓
生活の変化に
対応しやすい

若いうちからiDeCoを始めるメリット

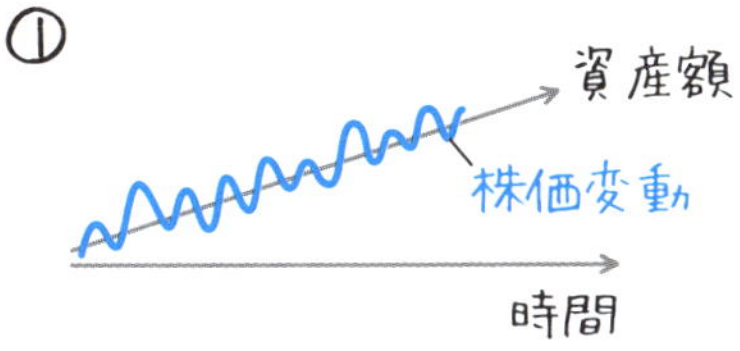

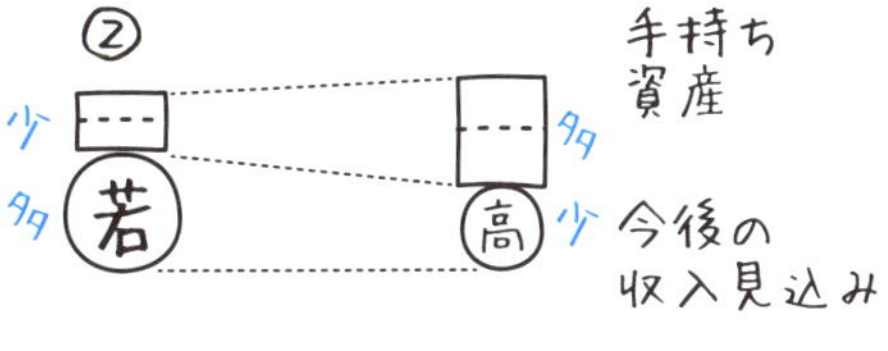

少額でも時間を味方に、
価格変動リスクを減らせる

手持ちの資産は少なくても、
今後の収入は高齢者より多い
→失敗しても回復しやすい

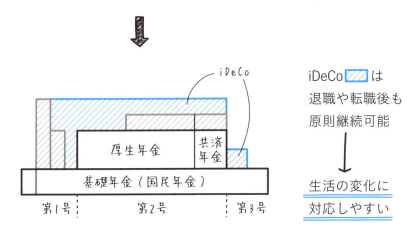

iDeCoの手数料

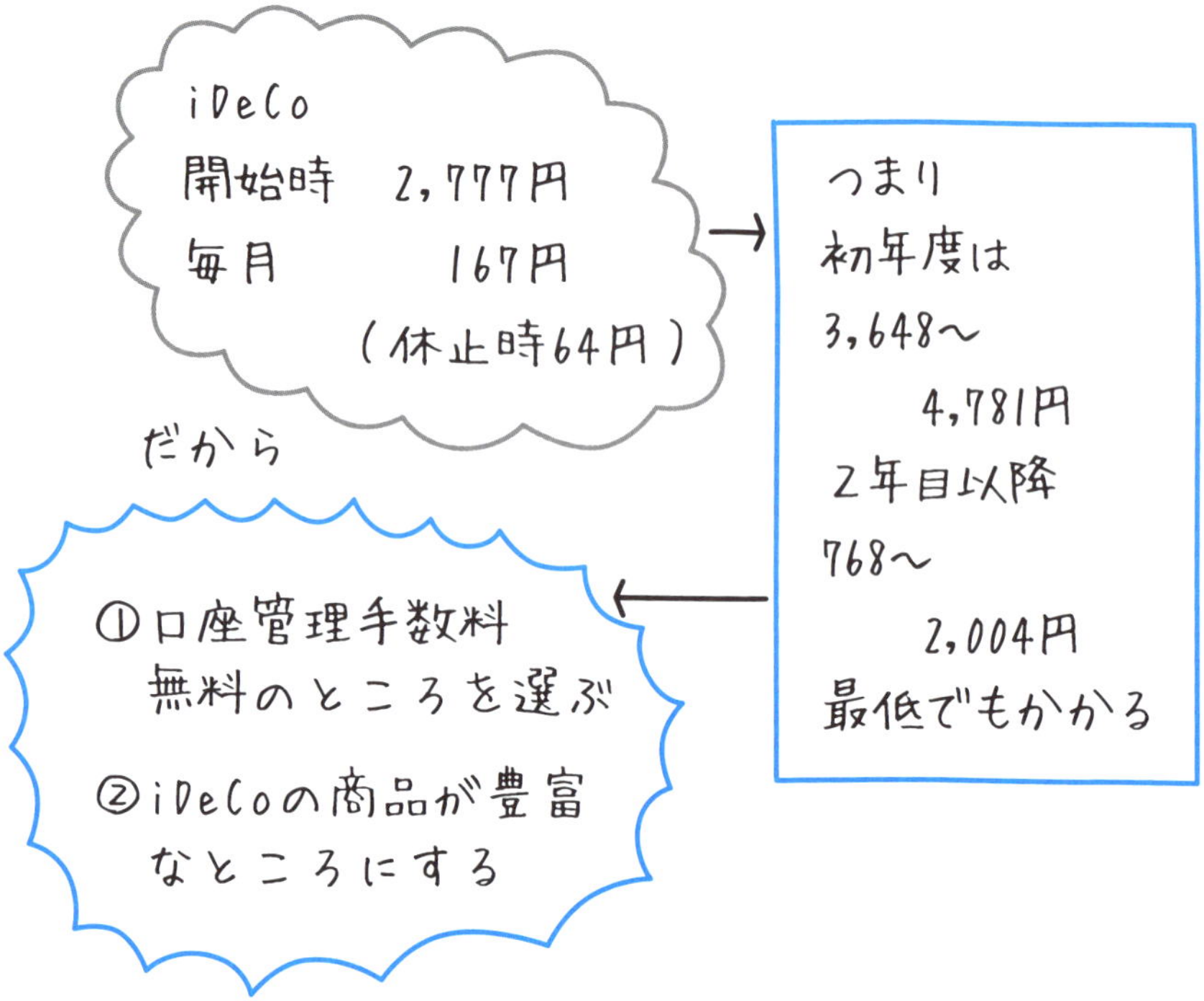

iDeCo以外の優遇制度

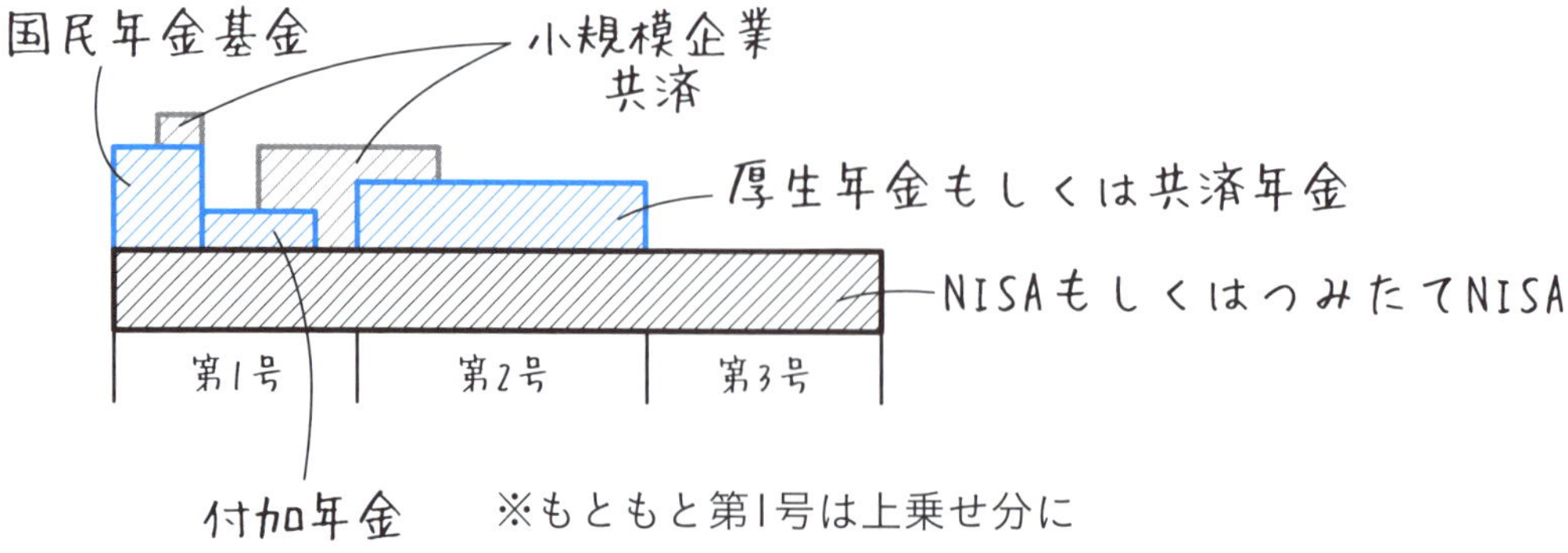

※もともと第1号は上乗せ分に
あたる厚生年金がないため、
自分で上乗せするための制度
として選択肢が多い

いな」（ADHD特性が強い人に多い）と考える第1号被保険者はこちらを検討しよう。

この中でも特にお勧めは**付加年金制度**だ。これは毎月400円を国民年金保険料に上乗せすると、年金受給時に毎月200円×納付月数分が上乗せ支給される。2年以上受け取れれば支払った分は回収できる有利な制度だ。自治体の国民年金窓口で申し込めば申し込んだ月から加入できる。

ただし、これらの制度はiDeCoとは異なり第2号被保険者や第3号被保険者になると原則継続できない（小規模企業共済は第2号被保険者でも条件が合えば継続可能）。それまでの掛け金の分は保証されるが、満期分よりは受け取れる金額が減ってしまうため、転職などの可能性が高い場合はiDeCoのほうが長期間続けられる分だけ有利だといえる。自分に向いている制度をうまく活用していこう。

NISAの仕組み

①購入した株式・投資信託などが値上がりした後に売却した場合

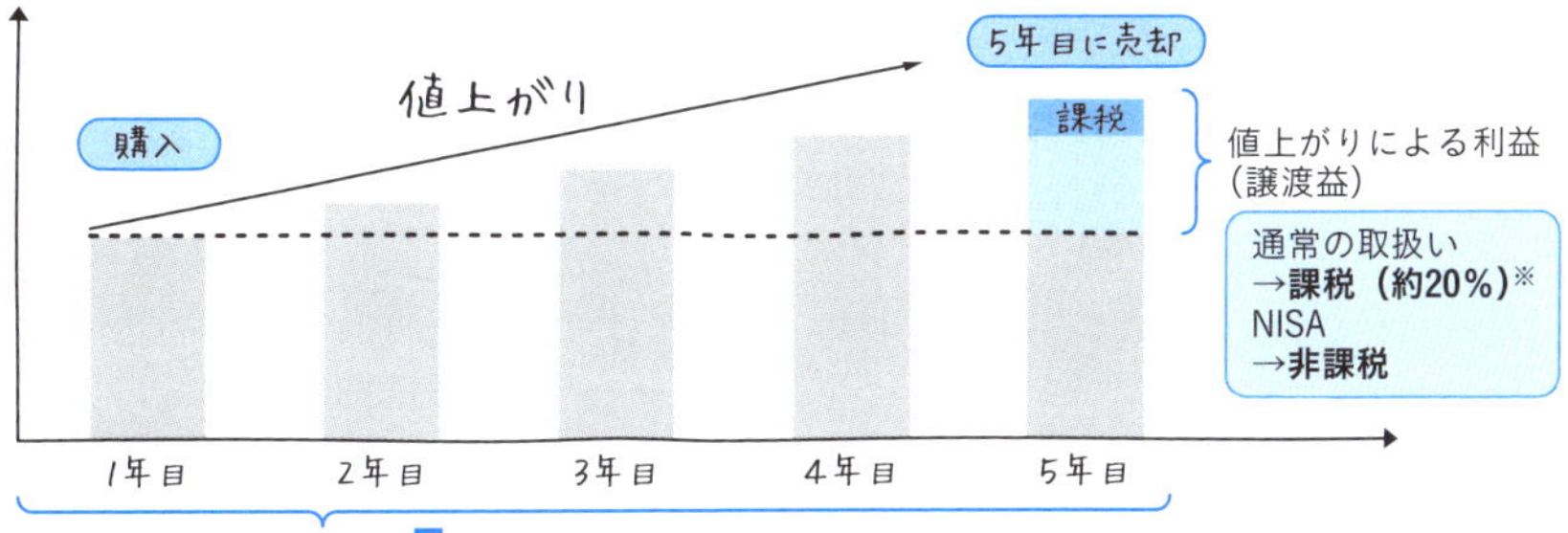

非課税期間は**5**年間

（値上がり後に売却したことによる利益が非課税に）　※復興特別所得税を含めると、20.315%になる

②購入した株式・投資信託などを保有している間に配当金などを受け取った場合

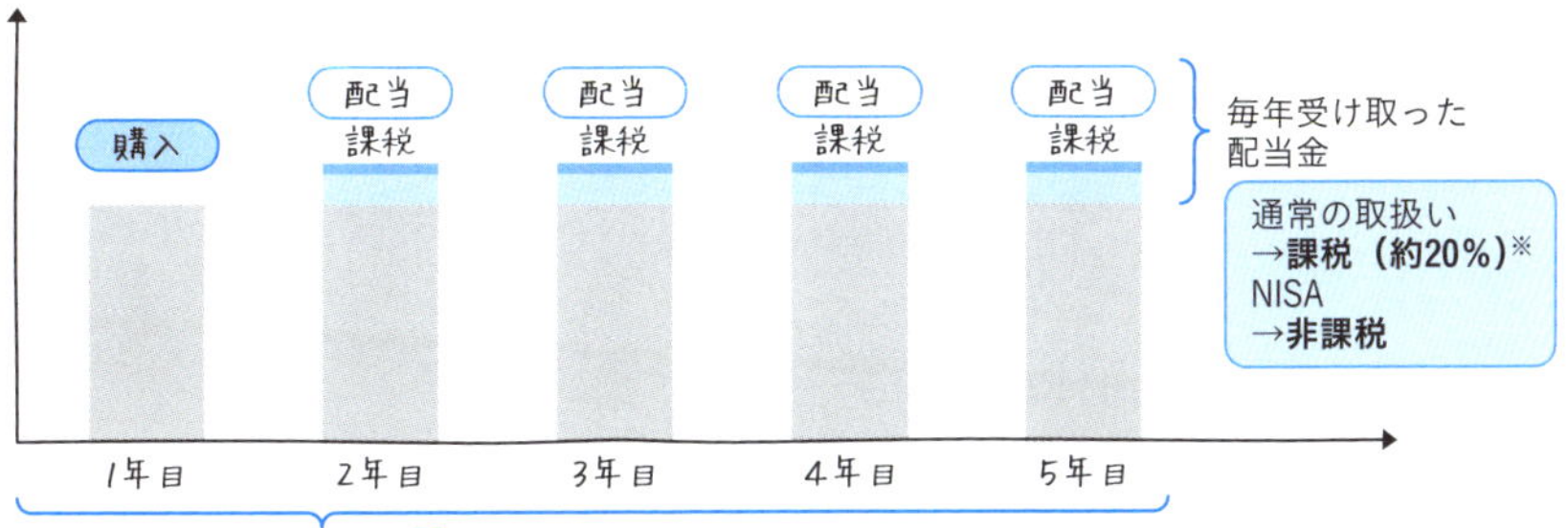

非課税期間は**5**年間

（期間終了後、新たな非課税投資枠への移管（ロールオーバー）による継続保有が可能）

（5年の間に受け取った配当金などが非課税に）　※復興特別所得税を含めると、20.315%になる　出典：金融庁HP

出典：金融庁HP

投資話でだまされないか不安になる

対策

- 怪しいと思ったらたとえ口頭でも「ＯＫ」と言わない
- 投資は利害関係であることを意識する
- 相談や報告できる人間関係を作る

事例

「夢がない！」と非難されたけど……

ある日久しぶりに高校時代の同級生から「ちょっと話を聞いて欲しい」と連絡があった。待ち合わせ場所に指定されたレストランに行き、雑談しながら食事をしていたら、「一緒にビジネスを始めないか？　それがダメなら少しうちの会社に投資してくれ。投資してもらった分は必ず返す。約束する！」と言われた。

久しぶりに会いたがった理由はこれか……と冷めた気持ちになり、「だったら帰るよ！」と伝票をパッと取り、会計をしてそのまま帰宅してきた。

ぐったりした気分になって共通の友人に連絡すると「それは大変だったね！」と驚かれ、「でも適切な対応だったよ。他の同期にも伝えるね」と慰めてもらった。

今回は何とかなったが、友人の変貌ぶりにかなり嫌な気分になったし、「まただまされるのでは？」と不安にもなってしまった。もっと巧妙な手口だとだまされても不思議ではないし、いったい何に気をつけたらいいのだろう。

原因

投資に関する制度や法律をよく知らなかった

今までも述べたように、投資は未来を現状から予測して「これなら見込みがありそう！」と思ったものに出資するため、将来どうなるかは誰にもわからない。実際、成功話などでも最初は大半の人が失敗すると思った投資が急成長を遂げることも起こりうる。

この状況につけ込んでくるのがいわゆる「怪しい投資話」だ。中には既存制度の裏をかくような話もあり、「うまくやれば一獲千金かも？」と**スリルに魅力を感じやすい人**（ADHD特性が強い人に多い）はつけ込まれやすい。

一方で**話の裏などを読むのが苦手な人**（ASD特性が強い人に多い）や、「投資分は保証します！」「絶対安心です！」といった**口約束だけを信用して契約書にサインしてしまう人**（ディスレクシアの特性が強い人に多い）の場合、「大丈夫かな？」と不安に感じても逆にその不安を相手に利用されやすい。さらに法律を知らないことで不利な立場に追い込まれても、他人へ助けを求めるタイミングを逃しがちだ。

投資に関する法律には金融商品取引法（金商法）や出資法などがあり、その中には無許可で出資の勧誘などをすることや、銀行など正規に認可を受けた金融機関以外で元本保証をすることが禁止されている。また、認可を受けた金融機関でも虚偽に基づいた勧誘をした場合は当然法律違反だし、処罰の対象にもなる。

金融商品取引法の対象となる商品

- 国際
- 地方債
- 社債
- 株式
- 投資信託
- 多様なデリバティブ投引

など

まずは「この手の話をしてくる人」のおかしな点に気づく根拠や法律を知り、対応策を講じていこう。

解決法　出資話のからくりを理解する

怪しい詐欺まがいの商売や投資の共通点は、

- 今までの関係や立場を利用する
- こちらがよく知らない内容について勧誘をする
- 勧誘者にとって不都合な情報を隠す
- こちらを動揺させることでお金を出す約束を取り付けようとする

ということだ。事例でも高校時代の同級生というそれまでの関係性を利用しており、同級生はどんな事業をしているかきちんと話さないまま「投資してくれ」と話を持ちかけている。

そもそも起業しても継続できず、数年で資金不足になって倒産や廃業する会社は多い。会社ならば90%生存率を超えるのは開業後3年以上経過してからだ。

だから、投資しても元手を回収できない可能性があることを正直に説明しない人は信用できないし、自分の大切なお金を預けるには不適切な相手だ。当然投資したお金が回収できない場合があることは説明するよう法律でも定められている。

しかし、法律違反の行為でも契約書にサインして投資として一定期間を経過してしまうと、返金してもらうまでにかなり手間がかかってしまう。その間に相手がお金を使い果たしたり送金などで移動させてしまえば取り戻すのは相当難しくなる。

「相手が悪いのにひどいじゃないか！」と思ったかもしれないが（ASD特性が強い人に多い）、契約書にサインした以上、「そのようなひどい内容でも同意しました」と解釈される可能性が高い。

そのため、**怪しいと思ったら、たとえ口頭でも「OK」と言わないことがまず鉄則だ**。そして、相手がしていることが違法行為の可能性が高いこと、お金のやり取りで必要な約束事を破壊する行為であることを認識し、かつて存在していた相手との信頼関係はもはや存在しないことを理解しよう。

次ページに投資話やセールス対応での注意点をまとめたので、参考にするといい。

投資は利害関係であることを意識する

一方で「あれ？　でも大企業の社長とかが創業間もない無名な会社に資金援助していることがあるよね？」「クラウドファンディングとかも最近はいろいろあるし」と思った人（ADHD特性が強い人に多い）がいるだろう。もちろんそのような出資話もゼロではないが、大企業の社長たちは人と会うのも仕事のひとつだし、ビジネスについての知識や情報も私たちとは桁違いだ。出資する場合も相手にさまざまな条件を要求するし、状況によっては経営に介入したり、援助した資金を引き上げたりするくらいの厳しい態度で臨む。

出資が決まればさまざまな取り決めを書面で交わし、株主総会議事録などにも記録される。そして弁護士や司法書士といった専門家によって法的な問題がないかをチェックされてから履歴事項全部証明書（いわゆる登記簿謄本）に記載される。クラウドファンディングも法律などでさまざまな規制が設けられ、資金調達の目的や活動内容

投資話やセールス対応での注意点

についてホームページなどで公開し、経過を報告することが求められる。

それだけ投資は法律で厳しいルールが定められており、適切な取引だった証拠を徹底的に残すものだ。ドラマなどで描かれるような「夢に賭けました！」といった感動話とはおおよそ無縁で、むしろ**厳しい利害関係が絡むもの**だと心得よう。

相談や報告できる人間関係を作る

詐欺に近いビジネスや投資話を聞いた後は、自分のことではなくても何とも後味の悪い気分になるものだ（ASD特性が強い人に多い）。実は筆者の祖母もかつてこのような投資話で多額の損失を出し、それにより親族間で大騒ぎになったことがある。そのことを知ったのが思春期だったこともあってか、今でも金銭に対して底知れぬ恐ろしさを感じることがある。

この経験からもわかるように、他者を巻き込むお金のトラブルは終わった後でも人の心に傷を残すし、それまで互いを信頼し合って築いてきたセーフティネットを壊してしまう。お金で解決できない損害は目に見えないからつい見過ごしてしまうが、後々まで禍根を残す分、面倒で厄介な面がある。

資本主義社会は一見利己主義のようだが、お金をやり取りすることで、「お金が巡り巡って利益として返ってくることで皆が得をする」という大きな視点での利他主義的な考えが前提だ。だから制度を維持するには利益を独占する、半ばだますようにして他人のお金を搾取する行為は淘汰され、「損失のほうが大きくてやるだけ無駄」と思わせるような仕組みを社会が作る必要がある。

ところが法律や制度で禁止されても怪しい投資話やビジネスは繰り返し出てくる。だから**困ったときに相談や報告をして状況を知らせる関係作り**が大切だ。この事例でも共通の友人に連絡したことで感謝され、これ以上被害が出ないよう他の同期にも伝えると言ってくれた。

発達障害の特性上、集団行動が負担や苦痛（ASD特性が強い人に多い）だったり、細く長い人間関係を続けることが苦手（ADHD特性が強い人に多い）といった面はあるが、それでも何人かは「あの人となら疲れることなく付き合える」と思う人はいるだろう。

世間一般でいう熱い友情ではないかもしれないが、お互い節度を持って疲れない範囲で付き合える（つまり、それによって搾取されない）関係を保つことは大きな目で見れば信頼を生み出す。それが結局自分も相手を守るセーフティネットになることは頭に入れておこう。

相談相手にふさわしい人、ふさわしくない人

今まで述べてきたように、相談内容によって相手を選ぶ必要がある。相手も人の子なので残念ながら不得意分野がある。知らない、あるいは詳しくないことを聞かれても、「それは知らない」「わからない」という答えが出るのは当然だ。

ただ、気を付けるべきなのは相談内容もさることながら、相談相手が必要もないのにこちらのプライバシーを他人に伝えたり、相談状況や情報を悪用したりしないかどうかということだ。最初は親切に相談に乗るような体裁でも、こちらの弱みに付け入るような人なら、その人は相談相手としてふさわしくないだろう。

では、どういう人が相談相手に適しているのかといえば、左のような人だと筆者は考えている。

距離を置くというと冷たいイメージを持たれるかもしれないが、心的距離が近すぎても相談はうまく機能しない。付かず離れず、かつお互い率直に情報交換ができる関係ができるか（特に自分の本質的な悩みを話す相手であればあるほどそれが求められる）が大事だが、距離感というのは感覚的なものだけに、発達障害とりわけASD傾向が強い人はこれをつかみにくいため、近付きすぎたり距離を置きすぎたりしてしまう。ADHD傾向が強い人だと、この距離感のコントロールが難しく、注意が続かなくなってしまう。

距離感のコントロールの練習はサポートしてくれる人がいたほうがよいため、**最初は相談内容と相談相手のマッチングができること**を優先させよう。

相談相手に適している人

- こちらの話をうまく要約し、時により伝わりやすい形で言い換えてくれる
- わからないことはわからないと正直に言ってくれる
- 情報を知っている人や場所のヒントをくれる
- 違う視点でより本質的な問題解決に近いポイントを伝えてくれる
- 相談してくる人と適切な距離を置ける

おわりに

この本を読んだ方の中には、「なぜお金の本なのに、税理士やFPといったお金に詳しい人が書かなかったの？」と思った人もいるでしょう。それは、発達障害の人がお金に悩む理由はお金のことだけを考えていてはわからないからです。

私は発達相談で保護者の方たちに言葉の機能について説明する際、「言葉とお金はよく似ているんですよ」とお話しすることがあります。

大半の方は、「え？　どういうこと？」と怪訝《けげん》な表情をされますが、

- 適切に使うためには一定の量（語彙数）や種類（品詞など）を貯める必要がある
- 相手とのやり取りのために用いる
- ルールや状況に合わせて使う必要がある
- 使うことで相手との関係が豊かになるが、傷つけてしまうこともある
- 記録することで過去を振り返ったり、将来のことを考えられたりする

といったお金との共通点を挙げていくと、「本当だ！」と納得されます。

もともとお金は言葉での契約を保証するためにできたものなので似ていて当然ですし、第1章でも触れたように、使いこなすには人間関係のルールやマナーを知る必要があります。

そして、多くの人が見落とす重要な共通点は、「言葉もお金も、本来それ自体は意味を持たない」ということです。言葉もお金も価値や使い方を知らなければ、ただの音の配列であり、文字や数字が書いてある物体にすぎません。だから意味がわからなければ約束事も含めて使い方や失敗したときの対処を教える必要があります。

そう考えるとお金は言葉と同様、人類が長い歴史の中で築いてきた知識や知恵が詰まった結晶だともいえるでしょう。もしかしたら私たちはお金本来の能力を活かしきれていないのかもしれませんし、活かすためにもっと知恵やテクノロジーを発展させていく必要があるのかもしれません。

現代社会では書物がだんだんデジタル化されて電子書籍やネットといった実体のない世界へ進出しているように、お金もキャッシュレス決済への道を歩

んでいます。これからの世界はますます実体のない仮想空間と、実際に暮らしている物理的な空間が混ざり合うものになるでしょう。

便利になる一方でお金を使っている実感が乏しくなりますから、生活スキルなどの物理的な世界への応用や、格差解消や環境対策といった地球全体が豊かになるようなお金の価値基準についても検討する必要があるでしょう。発達障害の人たちが抱えている悩みは人間社会の欠点を映し出す鏡のようなものなので、より多くの人が我が事として考えてもらうきっかけになればいいと思っています。

今回も翔泳社の長谷川和俊さんには大変お世話になりました。制度や法律について改めて調べることが多いことに加え、難しい内容をどこまで伝えるかについて悩みながら書いていましたが、編集者として、そして最初の読者として真摯に伴走いただき、感謝に堪えません。

夫村上真雄にも改めて感謝します。彼との暮らしの中でさまざまな経験を積んだことが今回の本を書く上でとても参考になりました。彼は時に自分の夢を実現させようと周囲を巻き込むため油断はできませんが、お金について率直に話し合えることも私にとって何よりも安心材料になっています。

今までのお金の本とは違う話題もあって戸惑ったかもしれませんが、読者の皆様にとって本書が少しでも参考になれば幸いです。

２０１９年12月

村上由美

■ 会員特典データのご案内 ■

本書の読者特典として、本書掲載の「家計簿集計シート」、「ライフイベント表」、「ローン計算表」、「生活チェックシート」をご提供致します。

会員特典データは、以下のサイトからダウンロードして入手いただけます。

http://www.shoeisha.co.jp/book/present/9784798161730

●注意

※会員特典データのダウンロードには、SHOEISHA iD（翔泳社が運営する無料の会員制度）への会員登録が必要です。詳しくは、Webサイトをご覧ください。

※会員特典データに関する権利は著者および株式会社翔泳社が所有しています。許可なく配布したり、Webサイトに転載したりすることはできません。

※会員特典データの提供は予告なく終了することがあります。あらかじめご了承ください。

本書内容に関するお問い合わせについて

このたびは翔泳社の書籍をお買い上げいただき、誠にありがとうございます。弊社では、読者の皆様からのお問い合わせに適切に対応させていただくため、以下のガイドラインへのご協力をお願い致しております。下記項目をお読みいただき、手順に従ってお問い合わせください。

●ご質問される前に

弊社 Web サイトの「正誤表」をご参照ください。これまでに判明した正誤や追加情報を掲載しています。

正誤表　　https://www.shoeisha.co.jp/book/errata/

●ご質問方法

弊社 Web サイトの「刊行物 Q&A」をご利用ください。

刊行物 Q&A　https://www.shoeisha.co.jp/book/qa/

インターネットをご利用でない場合は、FAX または郵便にて、下記“翔泳社 愛読者サービスセンター”までお問い合わせください。電話でのご質問は、お受けしておりません。

●郵便物送付先および FAX 番号

送付先住所　〒160-0006　東京都新宿区舟町5
FAX 番号　03-5362-3818
宛先　(株)翔泳社 愛読者サービスセンター

●回答について

回答は、ご質問いただいた手段によってご返事申し上げます。ご質問の内容によっては、回答に数日ないしはそれ以上の期間を要する場合があります。

●ご質問に際してのご注意

本書の対象を越えるもの、記述個所を特定されないもの、また読者固有の環境に起因するご質問等にはお答えできませんので、予めご了承ください。

※本書に記載されている情報は、2019 年 11 月執筆時点のものです。
※本書に記載された商品やサービスの内容や価格、URL 等は変更される場合があります。
※本書の出版にあたっては正確な記述につとめましたが、著者や出版社などのいずれも、本書の内容に対してなんらかの保証をするものではなく、内容やサンプルに基づくいかなる運用結果に関してもいっさいの責任を負いません。

[著者プロフィール]
村上 由美（むらかみ ゆみ）
上智大学文学部心理学科、国立身体障害者リハビリテーションセンター（現・国立障害者リハビリテーションセンター）学院　聴能言語専門職員養成課程卒業。
重症心身障害児施設や自治体などで発達障害児、肢体不自由児の言語聴覚療法や発達相談業務に従事。現在は、自治体の発育・発達相談業務のほか、音訳研修や発達障害関係の原稿執筆、講演などを行う。
著書に『ちょっとしたことでうまくいく　発達障害の人が上手に暮らすための本』（翔泳社）、『声と話し方のトレーニング』（平凡社新書）、『アスペルガーの館』（講談社）、『ことばの発達が気になる子どもの相談室』（明石書店）、『発達障害の人の「片づけスキル」を伸ばす本』（講談社）、『発達障害の女性のための人づきあいの「困った！」を解消できる本』（PHP研究所）がある。

装　丁・本文デザイン　小口翔平＋岩永香穂＋喜來詩織（tobufune）
イラスト　高村あゆみ
本文DTP・図版　一企画

ちょっとしたことでうまくいく
発達障害の人が上手にお金と付き合うための本

2019年12月17日　初版第1刷発行
2025年 2 月 5 日　初版第3刷発行

著　者　村上 由美（むらかみ ゆみ）
発行人　佐々木 幹夫
発行所　株式会社 翔泳社（https://www.shoeisha.co.jp）
印刷・製本　株式会社 加藤文明社

本書へのお問い合わせについては、167ページに記載の内容をお読みください。

ISBN978-4-7981-6173-0　Printed in Japan